公司跨界创业合法化战略研究

王 冲 著

本书得到
国家自然科学基金青年科学基金项目（71702029）
中国博士后科学基金第13批特别资助项目（2020T130085）
中国博士后科学基金第63批面上资助项目（2018M631840）
资助

科学出版社
北 京

内 容 简 介

本书基于近年来企业纷纷采取跨界创业的实践背景，在现有跨界创业战略研究尚未成熟的基础上，深入揭示公司跨界创业会面临什么样的内外部挑战，以及面对这些挑战跨界创业公司应选择什么样的战略予以应对。选取公司跨界创业的四个典型案例，运用合法性理论、资源相关理论和边界跨越理论等，提出合法性视角下的公司跨界创业合法化战略选择及资源配置视角下的公司跨界创业资源配置战略选择模型。并在此基础上，整合合法性与资源配置的双重视角，深入分析公司跨界创业进入不同类型行业开展业务相关程度不同的跨界创业活动时，选择什么样的战略组合可以使企业获得更好的绩效，提出整合视角下的战略组合选择模型，得出公司跨界创业战略选择的研究命题。

本书可供开展跨界创业的专业技术和管理人员，高等学校相关专业教师、研究生和本科生阅读参考，也可作为工商管理相关专业的教材。

图书在版编目（CIP）数据

公司跨界创业合法化战略研究 / 王冲著. —北京：科学出版社，2020.12

ISBN 978-7-03-067266-7

Ⅰ. ①公…　Ⅱ. ①王…　Ⅲ. ①公司-创业-战略管理-研究　Ⅳ. ①F276.6

中国版本图书馆 CIP 数据核字（2020）第 252341 号

责任编辑：杭　玫 / 责任校对：贾娜娜

责任印制：张　伟 / 封面设计：正典设计

科学出版社出版

北京东黄城根北街 16 号

邮政编码：100717

http://www.sciencep.com

北京虎彩文化传播有限公司印刷

科学出版社发行　各地新华书店经销

*

2020 年 12 月第　一　版　开本：720 × 1000　B5

2020 年 12 月第一次印刷　印张：8 1/2

字数：250 000

定价：78.00 元

（如有印装质量问题，我社负责调换）

前　言

近年来，公司跨界创业在促进企业的可持续发展、获取竞争优势方面发挥了日益重要的作用。但随着市场环境的升级和变迁，企业面临着行业同质、竞争激烈、品牌没落、市场萎缩等新的发展困境，很难在所属行业通过现有产品的创新创业而做大、做强。为了摆脱同质化噩梦，寻求新的利润增长点，许多企业通过跨界创业开辟新蓝海。实践中，企业间的“跨界战”已然打响，迫切需要公司跨界创业相关理论提供指导。然而，学者对新时期公司跨界创业战略的研究尚未成熟，大多数学者站在制度或者资源的单一视角，分析环境、资源对跨界创业战略的影响，并且很少涉及不同情境下的跨界战略选择。事实上，公司跨界创业活动既要受到外部制度环境的影响，又要解决内部资源的合理有效配置问题，两者缺一不可，需要达到有效平衡，而根据跨界创业的具体情境进行恰当的战略选择也是创业活动取得成功的关键。因此，本书选取公司跨界创业的典型案例，运用相关理论，构建合法性与资源配置双重视角下公司跨界创业的战略选择与组合模型，通过大样本的实证研究，主要得出了如下研究结论。

从合法性视角研究发现：公司跨界创业进入传统行业，面临的合法性门槛较高，此时企业更倾向选择依从战略；而公司跨界创业进入新兴行业，面临的合法性门槛较低，此时企业更倾向选择创造战略。从资源配置视角研究发现：公司跨界创业的新业务与原有业务相关程度越高，其面临的资源配置障碍越小，企业越倾向选择利用战略；反之，企业更倾向选择资源配置的探索战略。从合法性与资源配置的双重视角研究发现：公司进入传统行业进行业务高相关跨界创业，选择稳妥型战略组合能够获得更高的绩效；公司进入新兴行业进行业务高相关跨界创业，选择积极型战略组合能够获得更高的绩效。而当公司进行业务低相关跨界创业时，无论其进入的是传统行业还是新兴行业，其选择的渐进型或突破型战略组合对绩效的中介作用没能得到实证数据的支持。

本书着眼于当今创业领域的前沿研究话题——公司跨界创业的战略选择问题，在现有公司跨界创业理论的研究不足的基础上提出合法性与资源配置双重视角下的公司跨界创业战略选择模型。首先，基于不同的行业制度情境，探索了公司跨界创业的合法化战略选择，并开发了相应的测度量表；其次，从资源配置视角探索了公司跨界创业的两种战略选择——利用战略和探索战略，并开发了相应的测度量表；最后，基于合法性和资源配置的双重视角，构建了公司跨界创业战略组合的匹配选择模型。可以说，本书为当代在新技术革命冲击下开展跨界创业活动的企业打开了“机会之窗”，使企业可以运用开放性的思维，跳出自身行业看行业，跳出自有产品看产品，跨出行业和产品的边界，大胆借鉴融合，取长补短，在“跨界战”中取得成功，稳步迈向基业长青。

本书以笔者攻读博士学位期间的相关研究成果为基础，是国家自然科学基金青年科学基金项目（71702029）等的相关研究成果。本书得到了李雪灵教授的悉心指导，在选题、理论框架的论证和结构篇章的编排等方面李雪灵教授都给予了本书大量的建议和支持，同时她是笔者学术生涯的引路人，指引笔者走进创业与创新的研究行列，其严谨的治学态度、甘于奉献的高尚情操将影响笔者一生，在此对李雪灵教授表达最诚挚的感谢！

笔者还要感谢吉林大学管理学院的李其容教授，感谢他在本书的撰写过程中提供的指导和帮助，特别是李其容教授在自然科学基金项目理论框架的论证过程中给予了本书关键性的指导和支持，感谢他给予笔者的无私帮助。另外，本书的修订工作得到了吉林大学刘京博士的帮助，相关修改完善工作得到了吉林大学管理学院单标安副教授和东华理工大学汤淑琴副教授的支持，实证研究的问卷调研得到了东北电力大学各学院领导、老师的鼎力支持，在此一并表示感谢！

王　冲

2020 年 2 月

目　　录

第1章 绪　论

当今时代，消费形态已经发生了巨大的变化，出现了以生活方式、价值取向为标准的各种各样的族群和圈子，混搭成为一种时尚和潮流，山寨文化渗透到消费的各个方面，而这些新消费现象产生的背后都蕴含着一种力量，那就是解构。解构主义源于 20 世纪 60 年代的法国，最早提出该思想的是雅克·德里克，由于不满西方几千年来贯穿始终的哲学思想，其对西方哲学信念发起了挑战，对西方传统思想大加责难并提出了质疑。总的来说，解构主义就是要打破现有的单元化秩序。解构是一把双刃剑，一方面它蕴含着一种创造的力量，另一方面它也代表着破坏。解构撕碎了我们的时代和社会，而作为解构之剑的主人，我们每个人既是时代的破坏者又是时代的缔造者，它撕碎了一个旧时代，也催生了一个新时代。

在这个崭新的时代里，消费者已经不再满足于千篇一律的产品，诸如凉茶、跨界车、牛奶咖啡等丰富而个性化的解构性产品大量涌入市场，解构主义下的“跨界潮”已然形成，跨界已经成为新的消费引爆点。对于消费者而言，消费已然更多地体现为一种生活方式，喝饮料的目的已经不单单是满足实际解渴的需要，而是在解构中被创造出来、被刺激起来的保健、时尚乃至个性的附加欲望。人们所消费的不再是单纯的商品或服务的使用价值，更多的是它们被解构生成的附加价值及象征意义。根据马斯洛的需求层次理论，在基本需求没有得到满足之前，个体不可能有更高层次的需求，消费者的消费需求更是如此。经济的高速发展和技术的变革带来的人们生活水平和消费能力的提高使得消费的升级换代成为可能。跨界潮的出现，恰恰体现了这样的社会消费升级，跨界已然开始引领消费的新时代。

对于企业而言，消费时代的升级与变迁使企业面临新的挑战和困境，新时代企业面临的新困境主要有以下几个方面。首先，品牌没落，市场萎缩，有的企业和品牌存在“短命”现象。企业家已然认识到树立良好的品牌形象是企业在激烈的竞争中立于不败之地的关键，但是企业的竞争力却裹足不前，不出三五年曾经的知名企业就可能会突然倒塌。与许多基业长青的品牌相比，这样的企业在品牌的认知度、管理和维护方面的能力还相当薄弱。为什么可口可乐和百事可乐可以引领时代潮流上百年？因为它们每年都会举行主题活动来教育、培养新的消费群，其品牌精神总是能够紧扣时代的脉搏。而很多企业和品牌却在产品创新和市场创新力方面表现出严重的不足，倘若产品和品牌不能与时俱进、不断注入新鲜血液，其品牌和市场前景必将暗淡。其次，行业同质，发展举步维艰。许多企业都发现现有产品太难做大、做强，在行业产品定位、传播诉求和营销模式不断同质化的今天，企业的竞争和发展已经日趋白热化。企业的营销成本不断增加，利润空间越发狭小，许多恶性竞争严重制约了企业乃至行业的健康发展。因此，如何才能摆脱同质化的噩梦，找到新的利润增长点，为企业注入新的活力成为企业家面临的严峻挑战。最后，对于传统企业来说，老路难走，老字号支柱企业如何再创经典辉煌成为发展难题。

跨界消费时代的到来，同时为企业的发展带来了新的机遇，创造了很多市场机会点。企业如何利用这些新市场机会突破困境？关键是要突破，通过创新进行公司跨界创业，开辟企业新蓝海。一方面，跨界创业可以满足综合化、复杂化的市场需求。今天消费者的需求模式已经发生了改变，他们已经不再满足于产品本身的功能价值，往往要求“复合型”产品更具多样化功能、具备附加价值。面对这样的需求，仅仅从本行业内寻求解决方案已然不可行，以用户为中心的商业理念已经开始渗透到传统行业的企业之中，企业不得不去其他行业中寻求能够为产品带来附加价值，满足消费者多样化需求的新产品或新服务。当不同的行业、领域发生交叉时，各种不同的观念、思维碰撞融合，会使企业获得意想不到的创新，创造出符合消费者需求的产品和服务。另一方面，跨界创业可以使企业走出产品或服务同质化的困局。同质化的结果使得产品和品牌过剩，导致成熟市场的红海之争异常激烈，这已经让许多企业焦头烂额，苦不堪言。在同质化充斥的市场中，企业要想寻求新发展，最根本的方式就是走差异化道路。要有效地实现差异化，企业就需要跨越原有的组织边界，在其他行业领域中寻求契合消费者真正需求的创新元素、发现市场机会，通过跨界创业来实现企业新的经济增长点。

在工业时代，企业总是习惯于在本行业内寻求市场机会，随着消费时代的变迁，市场环境已经发生了根本性的变化，企业要在更为广阔的市场范围参与竞争，进而获得新的市场机会。在这样的情况下，通过强化自身的核心竞争力来跨界整合资源进而实现跨界创业的成功就成为一条企业突破自我、颠覆自我的必经之路。企业要具备足够的能力来跨越不同的行业、地域、商业模式，不断地解构市场，在解构和颠覆中获得涅槃重生。在这一过程中，跨界创新将为企业开辟新的蓝海，成为撬动新市场的有力支点，企业的跨界创业能力逐渐成为考核企业市场竞争力的关键指标。在跨界创新到创业成功的道路上，跨界的本质是打破，是一种优势或资源的叠加、互补和融合。企业要善于运用开放性的思维，跳出自身行业看行业，跳出自有产品看产品，跨出行业和产品的边界，突破各种文化观念的束缚，大胆借鉴融合其他行业与产品的资源、技术、思维和商业模式，取长补短为我所用，紧紧抓住市场机会，获取更为持久的市场竞争力。

Cummings和Kiesler（2005）的研究指出，尽管组织会面临高额的协调成本，但技术的进步仍然会使跨界活动成为一种突破外界环境不确定性的战略选择。一直以来，技术的作用从来都不局限于工具性，每一次技术的重大变革都意味着思想的变迁，这种变革会导致人类思考方式和行为动机的巨大颠覆。在这一过程中，技术最初是作用在生产力上的，而生产力的提升必然会带来生产关系的变化，从而产生价值创造、改变分配方式，同时伴随组织行为方式的变化。在互联网技术飞速发展的今天，许多人可能还会忽视变化的发生，依旧只看到技术的工具性，忽视技术引发的管理、市场和经营的变革。而事实上，技术的变革必然会带动管理的发展，以互联网技术为代表的技术变革映射到企业的生产实践和经营管理中，致使管理理论与经济理论面临着巨大的变迁，引发技术带来的管理学的第一次冬天。

时过境迁，在以互联网为代表的技术变革时代，企业所面临的内外部环境已经发生了巨大变化。网络上产品列表丰富，各类商品供应充足，这使得消费者的个性化定制成为一种趋势，规模化转变为定制化，消费时代已经由拍浪式转变成个性化、多样化和综合化。另外，组织结构趋于扁平化、激励机制趋于多样化。技术的变革使得组织结构开始去中心化和中介化，组织中的个体变成了信息的节点，传统方式的领导职能大大削弱，组织内部的创客小组层出不穷。组织的激励机制也发生了明显的变化，不仅成员的主动性和专业性不断增强，他们还掌握着企业的核心信息，能够聚合一定的消费者，并对其要求迅速做出反应，进而完成自主创新。同时，传统以工资奖金为代表的激励方式被更具专业性和挑战性的方式取代。更为突出的变化在于企业的组织边界越发模糊甚至开始消失，涌现出频繁的跨界活动。组织内部通过网络技术进行信息沟通，而在组织外部可以吸收全球的资源，这样大大降低了交易成本，传统大企业赖以生存的基础逐渐坍塌，企业群落的生态系统正在形成。

互联网技术带来的企业内外部环境变化使得经典的管理理论和经济理论产生了一定程度上的不适应性，主要表现在如下几个方面。首先，工业时代的内外部环境都看起来有些反人性，工业时代人往往被物化到流水线上进行作业，某种程度上存在不尊重人性的感觉。其次，这种反人性在当时工业时期特定的技术条件下是具有合理性的，工业化生产是为了弥补机器简单、不智能的弱点，对人来说可能是最简单的重复动作，但是对于机器而言实现它的边际成本远远高于雇用一个廉价劳动力。最后，上述做法经过一定时间的积淀会转换成一种“文化”，而当重视人性的技术出现时，工业时代反人性的做法会立刻受到挑战，网络化、自动化和机器人会对工业化生产产生巨大的冲击。

如今以互联网技术为代表的技术飞速发展，极大地拉近了人与人之间的距离，降低了沟通、谈判和履约成本，传统的纵向一体化发展路径已经开始崩溃。在生产力方面，传统的科层式组织对于组织生产力的提升作用越发减弱，在某种程度上有时会遏制生产力的发展。组织中的优秀人才很难进行价值创造，而被各种组织行为所束缚。因此我们需要全新的组织理论去解释这种现象，而不是寄希望于现有的理论。正如著名管理学大师德鲁克（2009）提出的："我们生活在一个意义深远的转型期，变革空前而彻底，现在的管理学思想仍然沿用20世纪的那些基本假设，很少有人去注意它们是不是'事实'。但实际上，它们都已经过时了。如果用不正确假设去制定战略，那将不可避免地把组织引向不正确的轨道"。目前我国正处在一个以互联网技术为代表的技术快速变革时代，原有工业时代的商业模式、思维方式与管理理念已经发生了改变。工业时代的管理原则反而成了企业创新、发展和转型的制约力量，已经不能够满足当代以高度不确定性环境、破坏性创新为代表的技术环境大变革的发展需求。技术的进步必然会带动管理的进步，而在这样的环境下出现的"跨界热"，特别是传统行业和互联网等新兴行业的跨界融合已经成为企业发展面临的必然选择，探寻与之相匹配的管理学理论成为摆在学者面前的重要课题。

尽管学者对于公司跨界创业的研究已经比较广泛，但研究大部分聚焦在其前因变量、结果变量和情境变量的探索上，很少有学者用组织边界跨越理论对公司跨界创业问题进行深入的研究，剖析跨界创业这种特殊类型的公司跨界创业的战略选择问题。同时，传统的跨界创业理论对公司经营行为的研究，大都聚焦在以资源基础观理论和内部交易理论为基础分析企业内部资源配置的战略问题上。而当企业进行创新程度较大的跨行业创业行为时，行业的异质性会给企业带来资源的异质性需求，进而导致企业在传统理论意义上配置资源面临巨大的障碍。企业如何通过恰当的战略来应对资源配置障碍，是跨界创业研究尚未完全揭示的理论缺口。另外，公司跨界创业不仅要关注企业内部微观角度的资源配置问题，还应当考虑外部行业中利益相关者的接受和认可。以往学者会从制度理论中的合法性视角对企业面临的外部环境问题进行分析，但相关研究也大部分集中在新创企业，而对公司跨界创业特别是面临着巨大的合法性挑战的跨界创业的研究涉及较少。事实上，公司跨界创业不仅和新创企业一样要面临新生弱性等外部合法性的挑战，同时要受到不同行业、领域异质性带来的内外部融合问题。在这样的情形下，选择恰当的合法化战略对于实现跨界创业的成功同样重要。更为重要的是，现有的公司跨界创业的研究，大都站在合法性或者资源配置的单一视角来研究战略选择，而忽视了外部合法化战略和内部资源配置战略之间的协调与平衡。因此，基于合法性和资源配置双重视角下的公司跨界创业的战略选择研究具有重要的理论和实践意义。

本书的理论意义在于，结合资源依赖理论拓展了跨界创业战略理论，使其可以适用于当代技术快速变化带来的新的跨界问题；运用合法性视角分析公司跨界创业外部宏观层面的制度问题，完善了合法性在成熟企业创业方面的研究；运用整合的视角研究公司跨界创业战略组合的选择问题，既能够关注企业微观层面的资源配置问题，又能够兼顾宏观制度层面的外部合法性问题，完善了以往学者仅仅站在企业的视角向外看或者站在外部制度的视角向里看的单一研究视角的不足。

在实践意义方面，本书通过对公司跨界创业的合法性与资源配置战略选择问题的深入剖析，给企业生产实践带来了如下方面的指导意义。首先，明确了不同情形下组织开展公司跨界创业面临的内外部障碍，以及其外部的合法性门槛和内部的资源配置的障碍程度如何。其次，本书分析了公司在进行跨界创业活动时，跨入不同行业的组织应选择什么样的合法化战略来克服其面临的合法性门槛。再次，本书指出面对不同的资源配置障碍，组织开展跨界创业活动会采取什么样的资源配置战略。最后，当企业同时考虑外部的合法性门槛和内部的资源配置障碍时，跨界创业活动采取什么样的战略组合可以使企业获得更好的绩效。

本书以公司跨界创业行为为研究对象，重点分析了以下研究问题。

第一，公司跨入不同类型的行业进行创业活动时，面临的合法性门槛如何？公司开展不同业务相关程度的跨界创业活动时，面临的资源配置障碍如何？

第二，在公司开展跨界创业的过程中，组织会采取什么样的合法化战略来克服外部合法性门槛？面对不同的资源配置障碍时，公司开展跨界创业活动会运用什么样的资源配置战略来应对？

第三，当合法性门槛和资源配置障碍共同作用时，公司进行跨界创业时选择什么样的战略组合才能使组织的新业务绩效更高？

在研究方法方面，本书主要采用了文献阅读法、深入访谈法、质性分析法、案例分析法和实证分析法。

首先，采用文献阅读法。我们在国内外相关数据库中对公司跨界创业的关键词进行搜索，国外数据库有 EBSCO、ProQuest 和 ABI 等，中文数据库有中国知网、万方等。我们还在与主题相关的网络资料、论坛和有关国内外专家的公开出版的书籍中进行了搜索。对上述资料进行系统梳理，整理出国内外相关研究的现状和前沿问题。

其次，采用深入访谈法和质性分析法。在逻辑演绎和模型构建的过程中，简单的文献分析不够充分，我们采用深入访谈的方式对理论模型的构建进行辅助分析。文献分析是在理论层面上构建模型的逻辑结构，而深入访谈可以起到对实践层面的指导作用。深度访谈是就公司跨界创业的内外部障碍、合法化战略、资源配置战略及结果与受访者进行深入的多次互动交流，根据受访者所感知的企业开展跨界创业所面临的各方面因素进行深入的交流。将受访者的相关数据资料进行整理归纳，与文献分析中的理论逻辑相联系，进行质性分析。

再次，采用案例分析法。案例分析法能够对研究问题进行深入的、厚实的描述，可以对丰富的现象进行多方面描述，同时可以在实践中构建结论，是一种非常重要的研究方法。而多案例研究分析法，能够在一定程度上增强案例的普适性和科学性，是验证和探索理论的有效的研究方法。本书根据典型企业的选择，进行多案例的探索性分析，得出公司跨界创业的合法化战略模型。

最后，采用大样本的实证分析法。对于案例研究中探索的公司跨界创业的战略模型，通过定量化分析进行大样本的实证研究，进一步论证模型假设的科学性与合理性。

总的来说，本书基于合法性视角和资源配置视角研究创业领域的新课题——公司跨界创业的战略问题。基于目前跨界创业及合法性和资源配置方面研究的不足，提出公司跨界创业的内外部障碍、外部合法化战略选择、内部资源配置战略选择和内外部战略组合选择的研究模型。

第一，基于不同的行业制度情境，探索公司跨界创业的合法化战略，并开发了相应的测度量表。公司在开展跨界创业这一特殊的创业活动时，行业的异质性会使其面临的制度压力存在差异，产生不同程度的合法性门槛，此时就需要选择恰当的合法化战略。而以往学者的研究，绝大多数将行业因素作为控制变量，并不能完全准确地体现行业因素对公司跨界创业战略产生的影响。基于此，本书在借鉴以往学者研究的基础上，运用多案例研究探索公司跨界创业进入不同类型行业的合法化战略选择。公司跨入传统行业，更倾向选择合法化的依从战略；而跨入新兴行业，更倾向选择创造战略。在案例研究的基础上，基于案例企业的样本开发依从战略和创造战略的测度量表，填补因缺乏相关测量体系而无法开展大样本的实证研究的空白，为后续学者在公司跨界创业的合法化战略方面开展深入研究奠定坚实的基础。

第二，运用资源基础观和资源依赖理论，探索公司跨界创业的两种资源配置战略选择——利用战略和探索战略，并开发相应的测度量表。学者对公司跨界创业战略的研究，更多的是从资源基础观和内部资本市场交易理论出发，指出企业应该尽可能地通过内部资源的共享和使用来进行创业活动，充分运用资源配置的利用战略。然而，为应对竞争日益激烈的市场环境和技术变革带来的巨大冲击，企业不得不选择与原有业务相关程度较低的跨界创业活动。此时，企业很难依照传统理论通过利用战略在组织内部配置到所需的资源，这就需要企业另辟蹊径探索新的资源。鉴于此，我们通过多案例的研究分析探索公司跨界创业的资源配置战略，企业除了运用利用战略还可以选择探索战略来配置资源。更为重要的是，我们开发了资源配置的利用战略和探索战略的测度量表，为深入研究公司跨界创业的资源配置战略迈出了关键一步。

第三，基于合法性和资源配置的双重视角，构建公司跨界创业战略组合的匹配选择模型。传统的公司跨界创业研究，更多地聚焦于组织内部资源关联基础上的市场扩张活动。组织基于内部的关联，选择开展相关或低相关的跨界创业活动。随着技术的飞速发展，传统企业开展跨界创业活动时，越来越受到外部市场环境的影响。甚至在有些情况下，企业不得不为了满足外部环境的需求而牺牲内部效益。因此，在分析公司跨界创业活动时，仅仅站在合法性或者资源配置的单一视角已经不能解决当今企业跨界创业活动面临的内外部双重压力问题。鉴于此，本书站在合法性和资源配置的双重视角构建公司跨界创业战略组合的匹配选择模型。既考虑了内部资源的配置问题，又满足了外部制度环境对公司跨界创业的要求，达到了内外部战略的有效平衡。这样就可以做到既能站在企业微观的角度向外看，又能站在外部行业制度的角度向里看，很好地弥补以往学者单一研究视角的不足。

总之，本书从目前中国企业开展的大量跨界创业活动的实践出发，分析公司跨界创业面临的外部合法性障碍和内部资源配置障碍及其程度。为应对这些障碍，对外企业选择依从或创造战略来获取合法性，对内企业选择利用或者探索战略来配置资源。另外，为了能够综合考虑跨界创业面临的内外部挑战，使外部合法化战略和资源配置战略之间达到有效的平衡，企业需要选择适当的战略组合来提升跨界创业活动的绩效。可以说，本书为当今以互联网为代表的技术革命冲击下开展跨界创业活动的企业开启了“希望之窗”，有力地回应了管理学大师德鲁克提出的观念，即创建新的管理学思想来应对当今技术变革带来的管理学理论的发展变化，同时为企业实践中已然打响的“跨界战”提供了理论指导，试图指引跨界创业企业通过跨界创业活动而为企业注入新的生机与活力。

第 2 章　公司跨界创业面临的内外部挑战及应对

2.1　公司跨界创业的界定及理论发展

2.1.1　公司跨界创业的界定及影响因素

1. 公司跨界创业的定义

公司跨界创业的概念用来描述大中型组织的创业行为，其定义几经演化。从根本上讲公司跨界创业包含依靠公司产生、开发并贯彻实施新想法和新行为的过程（Damanpour，1991）。这种观点的核心是创新，主要包括组织中新产品或新服务、新流程、新管理体制，或者与雇员相关的新项目。Salvato（2009）重点强调的创业能力，是允许管理者系统地克服内部约束，从而通过新奇商业首创活动彻底改变公司。另外，有些研究者强调公司开创新事业的能力，Zahra 等（2000）认为，公司跨界创业可能包括各种正式和非正式的活动，也就是在已建成公司内部，通过产品创新和工艺创新及市场开拓，以达到创新商业的目标。Austin 等（2006）通过将公司跨界创业看作公司创新、革新和新事业进步的一种总称，是将上述观点综合起来的一种观点。

Kuratko 等（2011）将公司跨界创业分为公司冒险活动和战略创业两大类。公司冒险活动是一种可以增加公司新业务的创业类型，而战略创业不一定带来新业务的增长，它更多的是一种追求竞争优势的创新。公司冒险活动包括创造、增加或者投资新业务的各种方法，新业务更多地存在于企业内部，也会存在于企业外部以半独立实体形式存在。而战略创业是公司跨界创业的又一重要类型，它并不一定涉及公司新业务，而是一种追求竞争优势的组织创新。战略创业是一种寻求机会和优势的同步行为（Ireland et al.，2003），创新是其活动的焦点和利用机会的方式（Schindehutte et al，2008； Kuratko and Audretsch，2009），将能够提升组织竞争与承担风险能力的行为也视作战略创业。战略创业被视作包含机会的识别和开发的过程，同时伴随着创造和维持竞争优势。

Covin 和 Miles（1999）认为战略创业有五种模式：战略革新、持续再生、重新界定领域、组织复兴和商业模式重构。战略革新旨在通过竞争方式的根本性变革来重新定义其与市场或行业竞争者之间的关系，是一种通过战略革新建立组织转变的战略创业模式。持续再生是一种公司定期、不断地推出新产品或者进入新的市场领域的战略创业模式。公司需要不断地寻求创业机会，大多数机会带来的是渐进式的创新，继而使其产品不断拓展，企业顺利进入相似的市场领域。重新界定领域是指公司主动创造一个还没有被其他人认可或者尚未开发的新产品市场领域的一种创业模式。通过重新界定领域，公司进入没有竞争的蓝海市场。这种战略创业模式必然会给企业带来新的业务。组织复兴是指公司通过改变内部流程、结构或能力来试图维持或改善竞争地位的战略创业模式。在复兴的过程中，其战略、产品或者服务的市场可能没有发生变化，但是可以通过流程、结构或能力的改变来实现竞争优势，对组织进行根本性的设计重构。商业模式重构是指公司为了提高运营效率或者以符合市场需求的方式，将自己和行业竞争者区别开来，运用创业思维对核心经营模式进行设计或者再设计的战略创业模式。

2. 公司跨界创业的影响因素

关于公司跨界创业的影响因素的分类，不同的学者给出了不同的分类。Kuratko 等（1990）认为公司跨界创业主要围绕着两条主线展开：一条主线是以企业整体为中心，聚焦于寻找这种现象、活动背后的各种影响因素；另一条主线则以企业内的组织个体为中心，把公司跨界创业视为企业内所有组织个体公司跨界创业行为的总和（蒋春燕和孙秀丽，2013）。Miller（1983）指出以往的研究文献从企业高管的人格心理特征和社会文化背景、企业的环境和结构、企业的决策制定和战略因素三个方面来分析（戴维奇等，2011）。而 Zahra（1986）指出公司跨界创业的前因变量可以分为环境、战略和企业内部因素三大类。Kuczmarskl（2001）则认为公司跨界创业的前因变量分为“微观因素”和“宏观因素”两大类。而 Antoncic 和 Hisrich（2001）则将其分为环境类因素和组织类因素。我们认为，Antoncic 和 Hisrich 的分类方式更为清晰全面，所以参照其分类方法对公司跨界创业的影响因素展开论述。

1）变化的外部环境因素

许多学者的研究都表明企业的外部环境对其生存和发展至关重要（Covin and Slevin，1989；Zahra and Dess，2001），特别是现代技术的进步和客户需求的提升促使环境变化的速度与幅度都远远超过从前，而这些变化会使企业面临源源不断的新挑战。现有研究大多从环境的复杂性、动荡性、敌对性和宽松性几方面来衡量公司跨界创业的环境因素。例如，Zahra 和 Dess（2001）研究了跨国企业的环境敌对性与公司跨界创业之间具有正相关的关系。Ling 等（2008）的研究指出，环境的复杂性和宽松性对公司跨界创业有着显著的正向影响。与此同时，消费者、供应商、经销商和监管者等利益相关者也在不断变化，提出了各种新的标准和需求。所有这些都对公司跨界创业活动的开展提出了新的挑战。

Kuratko 等（2011）认为，当前企业的市场环境变化的速度和幅度较之从前要大许多，这是一种持续复杂的变化，技术的进步和供应商的变化发展结合起来影响顾客的需求。Phan 等（2009）指出，前人的研究都强调需要进一步研究公司跨界创业中涉及的以过程和知识为基础的资源，以及公司跨界创业的异质性。其研究的范围也越来越广泛到组织间，而不仅仅局限于先前确认的企业家，为了在竞争日益激烈和财政受限的环境中生存与成功确实需要如此转变。这就对传统企业提出了重要课题：如何运用新的可开发的结构和流程来适应这些新的环境，以及如何采用适当的策略和机制。

A. 技术环境

随着技术的快速迅猛发展，新技术的创新和产品淘汰的周期日益缩短，特别是以互联网和移动互联网为主的技术的发展，给传统企业带来了前所未有的压力（Ling et al.,2008）。不断前行与变革的互联网在逐步影响和改变企业的运营方式，以及人们的生活方式与工作方式，甚至是思维的习惯。互联网引领的工业文明已远远超越了人类历史上经过的蒸汽时代和电力时代，它正在像能源、电力一样成为重要的工业基础设施。正如俞敏洪在 2018 年亚布力中国企业家论坛上指出的那样，“我们科技应用，所有的互联网公司做的都是国内的生意，而且都是做的和人们的物质欲望与交流欲望相关的生意。像阿里巴巴和腾讯这样的大公司，唯一一定要更多地走向世界，创造出真正影响全世界的科技产品来”①。企业会经历生生死死，而这可能与企业家的能力没有直接关系了，现在企业升级需要的是完全不同的东西。对此著名财经作家吴晓波也指出，在十年之内将有 50%~60%的中国传统制造业迈不过这个坎儿，注定惨遭淘汰（吴晓波和董良，2014）。

B. 顾客环境

在顾客环境方面，当代的顾客市场也发生了诸多改变（Kuratko et al.，2011）。首先，顾客的需求提高并且日益复杂，在许多领域其要求还表现出综合性的新特征；其次，顾客市场的分散化和精细化程度越来越高，分散的顾客使得企业必须具备全面熟悉和掌握市场变化的能力，而较高的精细化程度则要求企业在产品上

① 俞敏洪最新刷屏演讲，让你耳目一新！. https://m.sohu.com/a/251698143_99943290[2020-12-16].

附加更多的功能性；最后，强调善于投资并能够准确把握顾客的时间价值。

C. 竞争环境

外部的竞争环境随着技术的发展变得异常激烈，现在的竞争已经是你死我活的“赶尽杀绝”式的残酷竞争。竞争者的创新程度不断提升，不能快速突破自我就意味着倒退、淘汰（Guth and Ginsberg，1990；Hitt et al.，1998）。在资源方面的竞争已经不仅仅局限于传统的方式，许多非传统的其他行业的竞争方式也不断涌入，资源争夺十分激烈。而技术的发展带来的行业之间边界的模糊化，导致了许多原本不相关联的企业成了潜在的竞争者，甚至是原有的顾客和伙伴也转变成为直接的竞争者。

D. 法律规制环境

法律规制环境对公司跨界创业的影响关系受到越来越多的学者的关注，制度是组织为了得到外部利益相关者的支持和获取生存与发展的合法性而要遵守的相关规则（Meyer and Scott，1983）。而法律规制是国家相关职能部门制定的法律、法规和规章制度，是一种正式制度。在转型经济国家——中国，规章制度往往还不是很健全，存在很多的制度空洞地带，因而在这样的环境下进行的公司跨界创业活动会和发达国家的制度环境下的公司跨界创业存在一些差异。在转型经济国家中，规制环境不仅仅是组织活动的外部情境，它还能够决定企业在规划和实施战略时可能采取的行动（Peng，2003），进行公司跨界创业活动更是如此。

E. 政策规范环境

在我国等转型经济国家中，除了正式的规章制度，大量制度空洞地带存在着国家相关政策规范的约束，这也构成了制度环境中的重要部分。但是，实践中这样的政策规范往往存在着极大的不确定性，会随着国家权力机关的主导战略的调整而随时改变。Gómez-Haro 等（2011）通过对 150 家企业的调查研究发现，制度环境（规则、认知和规范）与公司跨界创业存在显著作用关系，制度环境的规范和认知维度会对公司跨界创业导向产生影响，而规则维度则没有明显作用。另外，在我国存在着严重的地区差异，最高的政策标准在执行的过程中会因为地区政策环境的差异而不同，这就使得企业在跨地区创业的过程中存在着巨大的制度成本。

2）组织内部相关因素

A. 战略相关因素

Zahra（1993）通过对美国 134 家制造企业样本的研究，探索了竞争战略与企业早期新产品引入数量之间的作用关系。研究结果显示，市场范围、纵向一体化和内部成长战略与新产品引入数量有正向影响；但一体化对产品引入方式有负向影响，对内部成长战略有正向影响。

Luo 等（2005）通过对中国 126 家企业的研究，分析了国际化对创业导向的影响。研究表明国际化对创业导向有显著的正向作用。为了应对激烈的国际化市场竞争，企业的国际化进程要求企业具有高度的创业精神，跨越制度距离产生的障碍。Teng（2007）对企业进行了实证研究，验证了构建战略联盟有利于提升公司的创业水平。

B. 资源与能力相关因素

Dess 等（2003）的研究表明公司跨界创业的研究可以在过程、以知识为基础的资源和能力方面展开。他们指出需要强化以知识为基础的资源在公司跨界创业中的作用，特别是人力资本、社会资本和知识资本，明确强调组织的管理能力在有效开展公司跨界创业活动中发挥的作用。最近，研究明确显示企业内部的公司跨界创业活动是异质的，我们需要对它进行深入了解（Narayanan and Shmatikov，2009）。公司跨界创业的范围也扩大到组织层面，创业活动的开展是为了在日益激烈的竞争和环境的变化中获得生存和发展。

管理过程中所拥有的特定知识对于企业来说是一个非常重要的资源，特别是在机会识别的问题上（Castanias and Helfat，2001）。在传统的代理框架中，特定的知识资源和信息的不对称往往可以使管理者从股东手中获取不成比例的佣金（Coff，1999）。然而，这些佣金很可能仅仅是管理者实施组织特定投资的简单回报。因此，这种由特定知识资源带来的管理回报补偿成为公司跨界创业的重要原因，它可以影响组织的战略行为，也是公司治理机制中的重要因素。

Burgelman（1994）指出了平衡差异性和一体化所需的能力。Hornsby 等（2009）强调了开展公司跨界创业要充分利用分层级管理者不同作用的能力，而 Kelley 和 Sternber（2009）强调利用无规则活动建立和管理网络的能力，Zahra 等（2009）指出了有效地管理组织董事会或股东与吸收能力之间的互补性可以提升公司跨界创业活动。

然而，Yiu 和 Lau（2008）对于能力理论的聚焦更为明确。他们指出成功的公司冒险创业活动要求企业同时发展选择和评估两方面的能力。选择能力决定公司冒险创业活动项目能否挑选创业企业，既可以在短期内产生财务的回收又能在长远上形成战略结果。评估能力与公司冒险创业活动项目是否具备合理运用投资比例的能力息息相关。如何发展这些能力？他们认为经验及其多重维度是影响这些能力发展的重要因素。他们发现，不同的经验维度对选择能力产生差异化的影响。比如，他们发现行业的差异性和广泛经历对选择能力有积极的影响。然而，他们也指出需要注意行业的差异性和广泛经历两维度存在的细微差异性，尽管前一经验维度能够帮助公司在冒险创业活动项目中具有选择高财务潜能企业的能力，但是后一经验维度有助于企业建立、选择拥有更高战略意义企业的能力。

C. 组织结构相关因素

自 2000 年以来，企业的结构化调整活动很重要的方面就是创造新的多样化的相互独立或者类似独立的企业。Hornsby 等（2009）的研究反映了这样的观点，并在此基础上提出了更加具有解释性效力的理论框架。从公司跨界创业的冒险活动需求方来说，该研究探究企业如何结构化其活动来促进冒险活动的成功。他们强调赋予新创企业自治权的重要性，运用结构上的差异性促使母公司寻求利益（Miller，1983），如通过一体化机制允许知识和资源的共享。研究指出结构上的差异性对于冒险活动的成功至关重要，同时恰当的一体化机制也能够进一步促进成功。特别是他们发现分享意愿对于结构化的差异情境产生积极的作用，而一体化的高级团队和正式的跨功能交互则产生负面的作用。这些观点被 Ambos 等（2008）合并起来，他们发现大学通过设置双重结构来处理艺术和商业需求之间的平衡。

同样的理念运用到供应方，Maula 等（2009）检验了收到公司跨界创业资本的创业者面临的压力，研究聚焦于社会互动与关系守卫，以及这两者如何影响公司风险投资的学习收益与风险。该研究强调投资企业应该在公司跨界创业冒险活动投资关系中平衡开放与自我保护之间的关系。当投资公司与它的冒险活动在投资部门之间存在互补性的时候，社会互动性得到提升，而投资公司的关系保护反而降低了。而运用可以降低关系的恰当组织结构，能使投资公司应对开发部门的机会主义行为，继而降低社会互动，从投资公司获取学习红利；公司通过关系守卫寻求自我保护的风险规避时，必须承受社会互动的降低进而控制与开发公司之间的关系以控制学习红利。

Zahra 等（2009）检验了公司跨界创业的一种风险规避结构。他们提出董事会及其吸收能力在提高公司跨界创业能力上有效互补或相互代替。比如，当公司的财务效益低的时候，董事会保护投资者利益的效率降低，创业的吸收能力也降低，而公司的创业活动将降低企业创造价值的门槛。当低财务能力遇到高吸收能力时，这种能力会对董事会的低效性进行有益的补充，创业活动得到了调节；而当财务能力高而吸收能力低的时候，有效的董事会能够替代低吸收能力的管理者，继而提升公司跨界创业。重要的是，他们增加了公司跨界创业理论中缺失的外部治理维度。

D. 组织文化相关因素

组织文化是企业内部活动的重要因素，许多学者（Kuratko et al.，1990；Hornsby et al.，1999，2002）都从组织文化视角研究了组织文化对公司跨界创业的影响。例如，Fayolle 等（2010）通过对国家、行业和企业三个不同层次的文化对创业导向的研究，提出了一个文化驱动企业层面公司跨界创业精神的模型：国家、行业和企业三方面的文化对创业活动的支持或鼓励程度对公司跨界创业导向有着积极的影响作用。

还有许多学者的研究表明，组织文化和氛围对企业创业活动产生非常积极的影响，因此他们从组织文化角度来考察公司跨界创业的影响因素(Zahra，1993；Hornsby et al.，2002；Fayolle et al.，2010)。他们研究发现在企业内部，组织意识、管理者支持、工作自主权和时间可支配性等方面的文化因素能够促进公司跨界创业。

E. 管理团队相关因素

公司跨界创业会潜在地对企业的竞争优势产生促进作用，竞争优势确保企业价值的产生和提高，这也是股东们关注的焦点。然而其中存在所有者与管理者之间众所周知的代理问题，它往往影响着管理者采取公司跨界创业行为是否会给所有者带来收益等方面的问题。

Dess 等(2003)强调组织不同层面的管理者在公司跨界创业中起到不同的作用。这样的观点在 Hornsby 等（2009）、Kelley 和 Sternber（2009）的文章中得以延续，他们用实证方式检验了公司跨界创业活动中不同层面创业者之间的关系。Hornsby 等（2009）明确地运用了这一思想，他们提出假设并加以验证，被感知的内部前因变量与公司跨界创业活动之间的关系会因不同的管理层级而存在差异。特别是创业的前因变量，如管理的支持、工作的自由裁量权及其创业活动结果（如新创意的实施）等对高层和中层管理者有积极的影响，而对于底层管理者不那么明显。研究指出，更高层级的管理者能够提供调动公司各方面因素的结构能力进而支持公司跨界创业活动。

尽管在 Kelley 和 Sternber（2009）的研究中没有明确提出多重层面的管理者问题，但也间接地支持这样的观点。他们的研究基于关系网络问题对企业不同层面的员工进行访谈。该研究指出，企业不同管理层级和部门的员工对基于创新的公司跨界创业行为都有积极的作用。一个公司跨界创业项目在多大程度上能够调动组织中的员工，取决于组织文化和其对知识共享（公司网络能力的一个因素）的态度（Hornsby et al.，2002），同时受到项目管理者个人关系网络优先性和网络能力的影响。研究同样强调组织中更多的高级管理者所起到的孵化者和经纪人的作用，由于拥有更多更为强大的相关经验及在组织内部的关系和能力，高级管理者往往在底层管理者建立关系网络的过程中起到推动作用（Srivastava and Lee，2005）。因此，研究表明不同层面的管理者在促进公司跨界创业过程中发挥作用的方式不同。

Dess 等（2003）强调高层管理者的领导力在塑造组织内部公司跨界创业过程中发挥着重要作用。而 Zahra 等（2009）拓展了其研究，公司跨界创业的学者还应考虑董事会、董事发挥的补充性作用，特别是在门槛公司中。与将公司董事视为股东利益的保护者不同的是，该研究指出董事在坚持和指引管理者创造财富的方式上发挥了创业者的崭新功能。研究提出有效的董事会能够通过提供给管理者更有效的信息和产生创业计划的方式创造财富，他们分享有价值的信息，提出创新性的想法和建议，提供并预测公司跨界创业项目所识别到的创业机会，鼓励投资以建立企业的吸收能力，确保高层管理团队拥有获取必要知识的技巧和能力来指引从事公司跨界创业活动中的价值创造活动。

总之，当我们考察现有研究中公司跨界创业过程中管理者发挥的规范作用，发现自上而下和自下而上的过程都很重要。组织不同层级的管理者不仅有推动公司跨界创业的作用，而且他们之间并不相互独立。因此公司跨界创业中的关键问题是在特殊团队类型进程和内部控制需求之间存在着必然的冲突碰撞，进而开展创新与风险承担活动。

2.1.2　公司跨界创业的界定及理论机制

1. 公司跨界创业的界定

公司跨界创业是指在原有组织边界之外的创业决策、过程和结果，是一种新锐的策划理念与思维模式的创业活动，通过嫁接外行业价值或者直接进入的方式进行创新，制定出全新的企业和品牌发展战略、战术，让原本不相干甚至相互对立的矛盾相互渗透、相互融合从而产生新的亮点，进而完成企业和品牌质的蜕变，给其带来知名度、美誉度和忠诚度的迅速提升，确保企业的可持续竞争优势（沈国梁和卢嘉，2010）。根据 Hitt 等（2001a）的研究，公司跨界创业分为新产品开发、新市场开发和新事业发展三种类型。跨界创业更多地体现为新事业发展，是一种建立在识别市场机会和整合资源基础上的组织特征与战略管理活动。跨界创业的途径有两种：一种是对外的资本并购；另一种是注重自身核心品牌影响力提升的、由内而外的新创方式。

2. 公司跨界创业的理论机制

1）公司跨界创业的影响因素

企业发展到一定阶段后，由于积累了大量的资金等相关资源，许多企业都会选择拓展原有的经营范围扩展组织边界。但是过度的扩张行为也会给企业带来许多负面效应，如管理失衡、机构官僚、效率下降等方面的问题。因而如何正确地界定组织边界使其在发展的同时兼顾效率，是企业不容忽视的重要问题，我们从组织经济学的角度对决定组织跨界创业的因素进行分析。

A. 组织能力

组织是否要进入某一行业或开展一项新的业务，最重要的一个标准就是其是否已经具备了开展新业务的各种资源，是否掌握了进行多产品扩张的能力。其动机往往是对自身核心能力进行了充分的论证和考量，认定组织具备了相应的能力，能够在扩张的过程中创造出独一无二、难以复制的价值。在实践中，很少有企业会轻易地涉足与原有业务的行业相差很多的新行业就是基于这样的考虑。企业会选择自身核心能力所适宜的行业和业务进行扩张，其他所需要的相关资源可能会采取外包等方式获得，这样就大大降低了组织的竞争风险，并能够恰当地保持其生产和经营规模。

因此，衡量组织边界确定的核心因素是其核心能力与所从事业务是否相匹配，组织能否在经营活动中创造出独特的价值并产生竞争优势。如果企业确实可以创造出相应的价值和竞争优势，那么组织就可以考虑开展新业务，否则就不应该轻易涉足新行业。

B. 创业精神

创业精神是创业者在推动事业走向成功的过程中，运用高度的责任感和使命感，通过创新和冒险精神来管理事业的一种精神。创业精神是创业者才华和智慧的象征，要求创业者具备果断的判断力、强大的执行力和必要的纠错能力。创业者要善于发现和创造机会，而机会往往青睐有准备的人，创业者在有充分准备的基础上能够更好地应对各种困境并取得最终的成功。

Winter（2000）认为创业精神包括创业者的抱负水平、协调与创新能力和个人特质。抱负水平是指创业者根据组织所处的行业地位和自身的各种资源所制定的适合于企业的战略定位，为组织的未来投资和发展提出的更高的要求。不同创业者的抱负水平不同，对自身的生产和经营所提出的要求与标准也不同。协调与创新能力是指创业者具备协调组织内部各部门之间及组织内外部之间的各种关系的能力。具备高度协调与创新能力的创业者能够使企业较快地形成其独特的组织文化和经营理念，建立良好的企业家形象，进而形成企业内部良好的环境。同时，协调与创新能力有助于促进企业建立具有自身独特性的产品和竞争力，使其他组织很难模仿，以便达到可持续的竞争优势。正如 Teece 等（1997）所论述的那样，必须使企业内部的各种有利因素处在一种良性的发展循环过程中，并逐渐形成一种组织惯例和长效机制。这种惯例不仅能够反过来促进企业的能力，还可以保障企业在发展扩张的过程中保持其核心能力而不偏离企业的整体经营理念和价值体系。许多学者的研究都表明，创业者的个人特质对组织拓展边界，创新和开展新业务具有积极的推动作用。个人特质主要包括创业者的个人喜好、教育背景、思维方式和个人能力等方面。

C. 市场因素

决定组织边界的外部因素主要是市场因素。从组织能力的角度来看，资源能力与竞争优势是决定组织边界的首要因素。我们在充分考虑组织各项业务活动之间的基本经济联系的同时，应当考虑其所处的外部市场因素。在市场环境中，主要利用价格机制来协调商品和服务，使它们在不同组织之间有效地流转。在这样的过程中，必然会使企业支付相应的活动成本，因此，组织经济学指出，如果在组织内管理某些业务的效率高于市场交换管理的效率，这些活动就应该在组织内完成。

Oliver（1981）仔细研究了经济分析中的交易，当商品或服务发生转移并且在工艺上存在可分离的界面时，会产生交易活动。同时，人们开始关注交易活动的控制成本，发现在不同组织的界限之间转移产品时会产生契约这一更难解决的问题。一旦出现新业务中产品质量低劣的问题，其责任应该由谁来承担？在开展新业务的过程中如果存在业务相关企业的合作问题，那么就会存在对业务扩张的不同意见，这时组织应如何应对？如果新业务中涉及两种以上的组织业务紧密联系的情况，那么类似的契约问题就会频繁出现，而在契约的签订过程中不可能预料并涵盖所有问题。实践中，往往会采用由一家企业主导来完成两个或两个以上相关过程的方式来解决上述契约问题。

2）公司跨界创业的跨界策划

A. 概念

跨界策划是一种新锐的策划理念和思维模式，通过嫁接其他行业价值而进行创新，制定出全新的企业和品牌发展战略战术，让原本互不相干甚至相互对立的矛盾相互渗透、相互融合继而完成企业和品牌的蜕变，开创出市场新蓝海（沈国梁和卢嘉，2010）。

B. 构成要素

跨界策划主要由跨界主体、跨界客体和跨界方式三方面的因素构成。

（1）跨界主体是跨界的主导者，在跨界策划时要对主体自身的资源等实际情况进行全面的自我评估（Leifer and Huber，1976）。具体评估包括以下几项：明确跨界的动因，企业实施跨界的目的是解决什么样的问题；评估企业跨界的自身优势，凭借自身跨界优势进行跨界活动，并将这一优势得以发扬；明确自身劣势，要充分审视开展跨界活动的短板，这样就可以运用恰当的方式来规避这样的短板使跨界活动顺利开展。

（2）跨界客体是跨向哪里的问题，在明确客体的过程中，同样要分析其优势和劣势，这样才能够确保跨界活动的有效进行。

（3）跨界方式是如何跨的问题，是跨界整合中的具体运作模式，对跨界活动起到至关重要的作用。同样的主体和客体，采用不同的模式进行跨界其结果可能大相径庭。企业所需要的恰恰是能够达到最优结果的跨界方式，因此要对跨界方式进行合理的选择和定制。

C. 跨界策划与传统策划的差别

跨界策划相对于传统策划而言，是一种突破型的策划方式。传统策划倾向比较保守的创新，大部分是在原有的行业界限或者是其他行业的同类型业务中开展新业务，而跨界策划是要突破原有市场行业中的业务，开拓一个新市场、新事业。因此两种策划的差异关键是能否突破原有的界限屏障，标新立异，敢为天下先。

跨界策划往往是一种多向性思维方式的策划，相较于传统策划的单向性思维，跨界策划更强调运用多种方法视角。传统策划往往受到很多固有思维方式的限制，处理问题时的方式、方法往往比较单一固定。而当今的市场已经是综合性、多需求的市场，所以传统策划已经不能满足企业发展对新环境的适应性要求，这就使得企业运用跨界的思维方式来进行新业务的策划和实施。

跨界策划由于其跨越了两个行业或业务范围的界限，相较于传统策划更具有综合性和复杂性的特点。传统策划在文化、行业和领域方面具有单一性特点，而跨界策划往往会涉及不同的行业、文化和领域，这就决定了跨界策划比传统策划更为复杂，需要更多的融合创新（Lazaric et al.，2008）。相应地，对于策划者的综合性要求也更高，策划者需要具备不同行业、文化和领域的知识与技能。

3）公司跨界创业的策划实施

实施跨界策划行为，首先要转变思维方式，这是前提和基础，要实现思维方式从单视角向多视角的转变。现在的消费时代转变成了跨越不同领域的综合性需求的时代，对于企业策划者而言，一定要跟随消费者的需求来开展生产经营活动（Lumpkin and Dess，2001），善于运用多行业、多领域交叉的概念来重新审视市场、消费者和企业自身，寻求市场中的切入点，发现其他人尚未发掘的新市场机会（沈国梁和卢嘉，2010）。

要注重市场中的关联性，原本并没有关联的传统行业或领域在新的技术和消费环境下可能会产生一种新的关联，要运用发展的眼光看到这种变化和关联的存在，这恰恰可能成为企业突破自我的、新的事业机会（Khanna and Palepu，1997）。策划者要摒弃原有的将行业外、产品外的事物看成是对立的、不相容的观念，要善于在变化中寻找到表面看似对立的关联性，这是跨界策划的又一重要思维前提。

跨界策划，必然要求其策划人和执行者具有较强的综合能力，要掌握不同的行业领域的多种知识和传播营销能力（沈国梁和卢嘉，2010）。策划人首先要对所跨之界有着深刻的认知和了解，这样才能够在新事业开展的过程中做到知己知彼。实践中，企业往往倾向雇用拥有多种行业运营经验的综合性策划人，他们可以运用多样化的视角和思维方式来处理跨界过程中出现的各种问题（Maula et al.，2003）。而原有的专一型人才可能很难适应跨界活动的多元化和复杂性的特点，其思维和工作方式会局限在原有的行业与领域中无法转变。不同类型跨界的主要实施战略如下。

A. 行业跨界

企业在实施产业跨界的过程中，一定要明确和保持自身的核心竞争力，这是产业跨界首先要考虑的重要问题（Powell，2001），这样企业就可以拥有资本或差异化的优势，行业跨界最重要的就是要具备这样的核心竞争力，这样才能有效地对抗其他市场竞争者的打击，构建属于企业自身的竞争优势。

另外，进行行业跨界还应考虑市场潜力。每一个产业跨界的创新产品，都会有一个明确的目标市场和消费群体（Newbert，2007）。而不同市场孕育和接纳新事物的能力是不一样的，所以在进行产业跨界时要充分考虑市场的潜力或容量，只有拥有足够的市场容量和接受能力才能够容纳跨界业务与产品的介入。

行业跨界还需要企业谨慎为之、量力而行。隔行如隔山，企业在决定跨入新行业时，首先，要考虑自身的原有品牌支持力。跨界业务或产品在进入市场之初往往需要借助原有品牌的影响力来开展营销活动，所以与原有业务的同质性可能会给新业务或新产品的开展带来助力（Shane and Venkataraman，2000）。如果企业的原有品牌影响力不够强大，可能很难支撑新市场竞争的冲击力。所以，充分利用企业原有品牌的影响力，开发具有一定关联性的新业务会更容易获得市场中利益相关者的认可，他们会认为这是一种合理的品牌延伸继而接受跨界产品。其次，要考虑企业是否具备了足够的资源支持力，企业原有的研发、生产和渠道资源是新业务顺利开展的物质基础（Simsek et al.，2003）。企业只有有能力为新事业提供必要的物质基础才能使得跨界新业务的开展事半功倍，否则跨界新业务将面临双重压力：一方面要面临新市场的挑战，另一方面还要应对内部资源供应不足的问题。因此，企业在利用原有资源的基础上，还需要搜寻新的跨界创业活动所需要的资源。

B. 产品跨界

产品跨界是以产品创新为起点的“1+1”的创新模式，它是两种元素的融合创新（Phan et al.，2009），包含了主流与主流的结合和边缘与边缘的结合两种融合方式。主流与主流的结合就是将两个在行业中都是主流的主题进行的优势元素的嫁接融合，其结果会产生新的产品特性。而边缘与边缘的结合是指通过小市场、小产品的看似处于劣势主体的创新性结合，产生一种新的主流产品，这样的产品往往会因超乎意料而给消费者带来更大的吸引力和影响力。

产品跨界往往运用品类为先、品牌在后的战略思想，而由于新的品类会对品牌产生独特的先决性价值，所以它会给企业带来新的蓝海市场（Stam and Elfring，2008）。品类的开创大体分为三个环节：机会识别、跨界融合和品类定位。机会识别是跨界之前，要善于发现市场中的机会点，这也是拓展市场的先决条件。机会识别需要看清自身的核心优势、分析竞争对手的弱势、找准消费者的真正需求和看透市场的整体趋势，只有在上述几方面都充分认清的情况下识别出的机会才是适合市场和消费实际的真实机会。跨界融合是在识别出机会之后针对机会的跨界融合，将不同行业领域和元素进行合理的重组，制造出全新的事业（Tsai，2001），实现不同的思维方式、市场规则和文化的融合，最终建立既能满足消费者需求又能够适应市场潮流的产品和服务。品类定位是要给品类一个明确的方向，可以采取优势定位、功能定位或人群定位的方式来实现。

C. 人群跨界

人群跨界是在其他的特定消费人群中寻找适合新业务的消费群体，关键是要把准目标人群的真实需求特性（Fornell and Larcker，1981）。不同的人对产品品种、档次的需求是不同的，时代不同人的需求也不同。在实施人群跨界时，要创新概念，重新定位。新的事业要定位准目标人群，只有事业和人群相匹配才能够迅速打开市场；同时要创新概念，让消费者对新的产品或服务有清晰的认知。另外，人群跨界的实施还需要开发新产品，拓展原有品牌（Hagedoorn，2006）。根据不同的产品生命周期采用不同的实施策略：在开发早期，对消费者进行功能性介绍，使其对新业务有一个明确的认知；在成长期，竞争加剧，要突出新业务的特性宣传，运用差异化策略来抵御竞争对手的冲击；在成熟期，由于市场的增长空间变小，这时要对新业务进行品牌的横向或纵向延伸，进一步细分市场，不断拓展新的市场人群。

D. 传播跨界

对于传播跨界，关键是解决好媒介的选择问题。可以根据目标人群、传播内容、范围和经费来进行媒介的选择。

对于传播形式的跨界，创新是根本，这样才能够突破瓶颈，打造属于自身的跨界传播模式（Castanias and Helfat，2001）。在传播形式上，既要勇于创新又要出奇制胜，打破固守的传播方式，不断创新出既能满足消费需求又符合企业自身的独特传播形式。在传播内容上，独特是核心。要避免传播内容的同质性，寻求好的传播诉求，突破常规内容，探索出具有新意的个性化传播内容。当然，独特的内容并不意味着要脱离企业的核心竞争力，应该是对核心竞争力的强化和升华（Hoang and Antoncic，2003）。而对于地域跨界而言，差异是本质，根据不同地域的差异性特征进行差异化的策略是地域跨界的必然选择。但地域的差异化不能脱离原有的品牌定位，而在产品的款式、风格等方面可以有所不同。

E. 渠道跨界

渠道跨界同传播跨界一样要选择好适应自身的营销渠道。在进行选择的时候同样要考虑消费者的需求特点、产品概念特点和市场环境特点等几方面的因素。结合上述因素，建立适合新事业发展的营销渠道。

在实施渠道跨界战略时，主要有两大方面的具体战略，一个是广撒网，另一个是深作渠（沈国梁和卢嘉，2010）。广撒网是指提升市场终端的覆盖率，使渠道的各个环节都能适应跨界需求，覆盖新的产品。要尽可能地加大目标消费者与新产品的接触面，拓展销售终端的密度（Jennings and Lumpkin，1989）。深作渠是指要深度分销、将活动做细。现在的市场竞争十分激烈，所以传统的营销渠道已经不能够适应新事业的开展，要减少渠道的层次而强化其控制能力，提高渠道的效率（Katkalo et al.，2010）。深度分销是一种严格监控渠道的分销方式，这就要求企业与经销商之间建立更为紧密的关系，对于渠道的管理更加精细，进而在规范的市场秩序下合理地进行跨界营销活动。

F. 文化跨界

文化跨界的实施战略是要实现新事业的文化营销，是在满足消费者产品物质需求的同时满足其文化需求。在具体的实施过程中，要将其产品或服务的文化与消费者的文化有机地结合起来，并将之融合到传播渠道中去。

实施文化跨界战略主要注意以下几个方面（Hornsby et al.，2002）：细致的消费者文化调查、自身独特文化内涵的挖掘和文化跨界共鸣点的搜寻。其中，细致的消费者的文化调查是为了解决目标市场和消费者文化融合问题，主要对于消费者的风俗习惯、文化和人口特征等方面进行文化调查。而自身独特文化内涵的挖掘主要是将新业务的文化背景进行深度的探索，寻求新业务的文化竞争力（Anderson and Gerbing，1988）。文化跨界共鸣点的搜寻则是在明确了消费者文化和新事业文化的基础上找到二者的共融点，进而对新产品或服务的文化进行科学合理的定位。在定位时，还应该兼顾新业务文化的独特性与差异性，创建富有个性的产品或服务文化。

2.2　公司跨界创业面临的内外部挑战

2.2.1　公司跨界创业面临的外部合法性约束

1. 合法性的定义

早期的管理学理论认为组织是一个“合理的系统”，是用来提高物质投入转化为物质产出效率的社会机器。1960 年之后，这种现象发生了变化。“开放系统”理论（open system theories）重构了组织边界，认为组织边界是能渗透且不确定的（Scott，1987）。制度理论（institutional theories）强调，组织环境中的动力学（dynamic）并非源于技术或物质的需求，而是源于文化规范（cultural norms）、象征符号（symbols）、信仰（beliefs）和风俗（rituals）（Suchman，1995）。在这个智力转换的过程中，存在组织合法性的概念。

不同的学者根据其研究内容和研究目的对合法性做出了不一样的定义，比较有影响力的定义见表 2.1。在表 2.1 所列概念中，Suchman（1995）的观点得到后续学者的广泛认可和关注，大量关于合法性的研究也依据此定义陆续展开。该观点认为合法性是广义的，在一定程度上超越了具体的不良行为或事件。因此，合法性对于特定时间来说是有弹性的，依赖于事件的历史，组织可能偶尔会偏离社会规范却仍保有合法性；合法性又是一个看法或假设，代表观察者在看到组织时做出的反应。因此，合法性是组织主观创造的，却是客观拥有的。

表2.1　不同学者对合法性的定义

定义描述	来源
合法性是一个过程，组织凭借这个过程向一个平等或高级的系统证明其生存权	Maurer（1971）
合法性指组织行为表现出的社会价值观和在更大的社会系统中可接受行为标准的一致（强调文化的顺从而不是明显的自我辩护）	Dowling 和 Pfeffer（1975）
组织的合法性是指一系列已建立的文化解释为组织存活提供解释的程度（将合法性描述为源于组织与文化环境之间的一致性，侧重于认知层面而不是评价层面，即当组织被理解时就是合法的，而不需要达到令人满意的程度）	Meyer 和 Scott（1983）；Scott（1995）
合法性是一个广义的看法与假设，实体的行为在一些社会构建系统的规范、价值观、信仰和定义方面是令人满意的、适当的和合适的（整合了评价层面与认知层面的全面性的定义，明确了社会受众在合法化动力学中的作用）	Suchman（1995）
合法性是一种对接受性、适当性和需求性的社会评价，可以使企业获取生存和成长所需要的资源	Zimmerman 和 Zeitz（2002）
合法性是一个广义的、与社会情境相融合的概念，它将组织的结构和活动定义为迎合社会的价值、规范和认可性	Dacin 等（2007）

2. 合法性的分类

1）内部合法性和外部合法性

Singh（1986）等根据合法性的来源将其分为内部合法性和外部合法性。其中，外部合法性是指外部利益相关者对其活动的了解和认可，而内部合法性是指企业内部各因素的协调互动对企业行为的理解和支持，如内部各因素协调应对外界陌生人之间的信任问题。他的研究表明，对于新创企业而言，外部合法性对企业的新生弱性和生存更为重要。

Drori 和 Honig（2013）通过一个纵向的案例研究描述了组织内部合法性和外部合法性在创造性组织的创立之初与发展过程中的相互作用关系。该研究区分了组织的内部合法性和外部合法性是如何出现的，如何通过它们之间的交互作用推动组织的变革。通过一个过程模型，对组织内部合法性和外部合法性的不同作用方式进行了深入的分析与探讨。

2）规制合法性、规范合法性和认知合法性

Scott（1995）将合法性分为规制合法性（regulative legitimacy）、规范合法性（normative legitimacy）和认知合法性（cognitive legitimacy）三种类型。这三类

合法性既相互联系又相互区别。规制合法性强调对规则的遵守，合法性的组织是成立和运营都遵循相关法律或准法律要求的组织；规范合法性则侧重一种更深层次的、以道德为基础的合法性评价，规范合法性的控制相对于规制合法性更像是内部性的、激励性质的遵循，因此包含了内在性和外在性两方面的回报；认知合法性强调合法性来自采取了常规模式或所处形式的诠释，在某一特殊形势下采取正统的结构或者特征来获取合法性就是与认知合法性相一致的（杜运周等，2009）。

3）规制合法性、规范合法性、认知合法性和行业合法性

Zimmerman 和 Zeitz（2002）在 Scott 规制合法性、规范合法性和认知合法性三种分类基础上又增加了行业合法性（industry legitimacy）。行业合法性是创业企业可以利用已有的行业标准、规范、实践和技术、熟练的行业人员等来获取合法性。

4）实用合法性、道德合法性和认知合法性

Suchman（1995）提出了三种类型的合法性：实用合法性（pragmatic legitimacy）、道德合法性（moral legitimacy）和认知合法性（cognitive legitimacy）。这三种类型的合法性涉及一个广义的看法或假设：组织行为在社会系统的规范、价值观、信念和定义中是令人满意的、合适的、适当的。实用合法性取决于组织最直接的受众对自身利益的计算，这种直接性包括组织与受众的直接交流或交易，也可以包括更广义的政治、经济或社会相关性，组织行为会明显影响受众的幸福；道德合法性反映了组织和组织行为的积极标准评估。道德合法性是“亲社会的”，不取决于行为是否给评估者带来利益的判断，而取决于行为是不是正确的判断，这些判断通常反映行为是否有效地促进社会福利的想法；认知合法性是受众可能会完全支持一个组织，或仅因为一个理所当然的文化理由而支持组织。

5）投资合法性、关系合法性、市场合法性、社会合法性和联盟合法性

Dacin 等（2007）则将合法性分为投资合法性（investment legitimacy）、关系合法性（relational legitimacy）、市场合法性（market legitimacy）、社会合法性（social legitimacy）和联盟合法性（alliance legitimacy）。

3. 合法性的约束

公司开展跨界创业活动时，外部面临的合法性约束主要是进入一个全新的行业给企业带来的合法性门槛。合法性门槛最初是由 Stinchcombe 和 March（1965）在研究新企业时提出的，与既有的成熟企业相比，新企业缺乏被外部环境接受和认可的有效的经营历史，在其生存和发展的过程中面临着许多的困难与问题，如新企业很难迅速地建立与利益相关者的关系，无法迅速地获取消费者的信任和支持等。因此，新创企业会面临一种新进入缺陷，这种缺陷会导致新企业的合法性门槛问题。后续的学者认为，不仅新企业面临合法性门槛问题，当成熟企业进

行创业创新活动时，也会面临合法性门槛问题（Kostova and Zaheer，1999）。合法性门槛是企业进入一个新的环境，需要达到利益相关者的一个最低要求，只有超越这一阈值，企业才能够在所进入的环境中成功实现生存和发展。因此，合法性门槛是企业面临的制度方面的挑战和障碍，它反映了企业获取成长所需要的合法性的难易程度。

合法性是组织被外界环境的接受和认可，已被许多学者证实对组织的生存和成功至关重要。组织为了生存成长会面临来自各方面的挑战：环境的不确定性、资源的有效性、技术的合理性、市场的需求及创新的实施。Srivastava 和 Lee（2005）指出新创企业的合法性问题来源于顾客缺乏对新创企业的了解和认识，特别是认知合法性问题尤为突出。新创企业的最明显特征就是具有新生弱性，容易被所有者主宰，其组织结构简单且非正式。合法性门槛是组织缺乏利益相关者的信任和与企业相关的市场信息，导致公众的关注度和认可度较低，组织失去了认知合法性。因此，新创企业的失败率往往非常高。对于新创企业来说，克服新生弱性、成功跨越合法性门槛是其要面对的首要问题，可见合法性对其至关重要。

对于成熟企业而言，企业实力大大提高，拥有相对稳定的市场占有率、雄厚的资产和先进的技术（Maurer，1971），组织的文化、结构和各项制度日臻完善。此时，企业的主要战略目标已经不再是单纯地追求快速成长，而是开始寻求可持续发展。因此，如何通过创新获取新的合法性以维持企业的整体合法性成为成熟企业所要面临的重要门槛。在追求可持续竞争优势的过程中创新是重要保障，而创新活动本身必然会带来一定的合法性问题。Kostova 和 Zaheer（1999）检验了跨国企业的合法性问题，他们对跨国企业整体和其内部的合法性进行区分，并建立了一些命题，包括内部与外部合法性、积极与消极的合法性溢出等问题。因此，如何通过创新获取新的内部与外部合法性以维持企业的可持续发展，提升其竞争优势是摆在成熟企业面前不可回避的重要课题。

合法性一旦获取，组织将更容易持续获得合法性，因此在组织已经取得了一定的合法性而需要维持阶段，合法化行为变得更为日常化。但是反常事件、失误、模仿失败、创新和外部变动都会影响到哪怕是最安全的合法性（Suchman，1995），主要原因包括以下几点：首先，受众通常是异质的。组织需要表达与受众的关系，但是它不可能使环境中的所有受众都满意。其次，稳定性变成了僵化性。合法性逐渐变为“进入房间的通用卡片”，使组织变得同形态（Kostova and Roth，2002），这种同构性和习以为常的态度使组织对环境改变的响应能力变差，同时组织的同质性与受众的异质性的矛盾会为原本不合法的组织提供创新的条件。最后，获取合法性所需要组织建立的制度化会产生自己的反对派。制度化会产生一种内生的不稳定性，将新兴经营行为制度化，本身就会缺乏理所当然性，且比较容易吸引敌对注意力，进而产生反对制度化的受众。

特别是当企业开展跨界创新创业活动时，由于新业务所面临的制度环境与企业的原有业务存在一定的异质性，这种异质性会使新业务的制度环境需要重新接受企业的创新创业行为。企业原有的合法性在一定程度上会成为新业务获取合法性的有效推动力，但是这并没有从根本上解决新事业所需要面临的外部利益相关者的接受问题，仍然需要面临合法性门槛。在一定程度上，这样的制度环境差异甚至会决定公司跨界创业行为的成败（Xu and Shenkar，2002；Dikova，2009）。新的制度环境是一把双刃剑，一方面会给企业的发展带来机会解决同质性严重的问题，另一方面会给企业的合法性带来巨大的压力和挑战。企业要想在新的制度环境中获得新事业的发展，就必须跨越由制度差异带来的合法性门槛。

在公司跨界进行创业活动时，制度环境的差异在很大程度上是由行业的差异所引发的，不同行业的市场结构制度要素存在着明显的区别，这些差异会对跨界创业活动产生重要的影响（杨鑫等，2010）。Wiersema 和 Bowen（2008）的研究指出，行业增长率对公司跨界创业活动会产生影响作用，Delios 和 Beamish（1999）的研究也指出行业的利润率对公司跨界创业活动的影响非常重要，企业在开展跨界创业活动的时候，要尽量选择利润率高的行业。除此之外，行业吸引力、竞争规模和行业资本密集程度也会对跨界创业程度产生不同的影响作用。

另外，组织管理者有时在获取合法性之后会沾沾自喜，没有注意到支持正在减弱，直到一些明显的错误出现而响起警钟。在失去合法性时，曾经成功获取合法性的战略已经失去效用，且过去的成功可能会成为未来的阻碍：从前的一些宣传变得不再值得信任。合法性危机是一个自我增强的反馈循环，且合法性危机的出现会使管理者失去从前可靠的盟友，这些盟友甚至会参与到诽谤与排斥组织的队伍中（Suchman，1995）。因此，成熟企业在发展过程中还需要应对由合法性危机带来的新的合法性门槛。

4. 理论视角

现有学者对合法性研究的理论视角主要集中在制度视角，制度视角的研究工作采用外部压力的立场，强调行业的结构作用会产生文化方面的压力，这种压力胜过任何单一组织有目的的控制。制度视角强调制度是如何影响受众的合法性判断的，制度相关的研究主要聚焦于两方面的作用：一是认知性制度，二是评价性（evaluative）制度（Überbacher，2014）。

认知性制度是一种更为广义的和理所当然的受众信念，这些信念构成了一种企业行为的标准或者规范（Meyer and Rowan，1977）。如果企业的行为遵守了这样的制度信念，在受众眼中该行为就是合法的，从而增加了企业获取资源的机会。

评价性制度包括诸如政府机构、金融组织、行业协会和媒体组织等更为强大的制度组织。受众在做合法性评判和资源分配决策的时候往往将这些评价性制度视作权威。在一个更为宏观的层面，当评价性制度对于企业合法性的外部情境产生作用的时候这些制度因素会对受众的合法性判断产生作用（Ashforth and Gibbs，1990；Dowling and Pfeffer，1975）。在微观层面上，评价性制度的影响作用会更直接地作用在企业的合法化行为上（Barad and Dror，2008；Johnson et al.，2006）。

制度视角的研究有时会强调将创业者的文化效能（cultural agency）作为组织的合法化机制（Überbacher，2014）。文化效能是指创业者接受外界的文化范畴并将自身的特征、集体主义理想、利益和兴趣与文化范畴相匹配（Emirbayer and Goodwin，1994）。这一视角认为，创业者是富有技能的文化开动者，他们可以用一些文化工具为其战略目的服务。比如，创业者可以通过讲故事的方式来获取其合法性、组织识别和相应的资源。宏观层面的文化创业研究一群创业者如何参与到文化创业的集体活动中（Wry et al.，2011），而微观层面的研究则聚焦于个体文化创业者的行为（Santos and Eisenhardt，2009）。

也有学者对于制度视角的研究会融入印象管理理论，聚焦于创业者为了使其行为看起来合法而采取的印象管理战术。创业者会有目的地规范受众能够接收到的组织活动相关信息，从而建立一种适宜的、合法的行为印象。这些信息规制使创业者可能会刻意地强调有利方面而掩盖不利方面（Elsbach and Sutton，1992）。印象管理战术包括象征性管理或迎合策略（Zott and Huy，2007）。

当企业开展跨界创业活动时，由于进入的是一个全新的行业领域，社会运动能够以一定的方式使组织行为活动合法化（Weber et al.，2008）。社会运动是一种非正式的集体行为方式，它着眼于道德、政治或社会话题，目的是社会变革。特别是社会运动包含了运动成员的集体主义指引行为，它是信念和价值的行为导向设置，而这些行为是行业内外的合法化运动行为（Benford and Snow，2000）。集体主义指引行为能够激发创业者进入并维持在一个新兴的市场领域内，重塑它们的产品和交易选择，进而形成其产品价值的基础。当运用印象管理视角来审视社会运动视角时，它是一个刚刚进入学者视线的逐渐流行的研究角度。

2.2.2 公司跨界创业面临的内部资源障碍

1. 内部资源障碍

公司在进行跨界创业时，面临的组织内部的资源障碍主要是如何有效地配置资源的问题。Wernerfelt（1984）认为资源是任何可以反映给定企业优势或劣势的东西，即特定时刻的资源是那些半永久性的和附属于企业的有形的与无形的资产。Barney 和 Turk（1994）将“企业控制的能够使企业制定和实施提高效率与效果的战略的所有资产、能力、组织流程、企业属性、信息、知识等”视为资源，即资产和能力共同构成资源要素。也有学者将资源视为企业拥有或控制的要素存量，通过与其他企业资产的协同使用及诸如技术、管理信息系统、激励机制、管理层与员工之间的信任等联结机制，资源被转换成最终的产品或服务。

不同的学者对资源进行了不同研究视角的分类，Wernerfelt（1984）把资源分为财务资源、实体资源、人力资源和技术资源。Barney 和 Turk（1994）从实体资本、人力资本和组织资本三个维度对资源进行分析。考虑资源的弹性，即资源可使用的范围或产品领域，Chatterjee 和 Wernerfelt（1991）将公司资源分为物质或实体资源、无形资源和财务资源三种类型，他们认为前两种资源通常弹性小，而财务资源弹性大。Grant（1991）将无形资源进一步细分为人力资源、技术资源、组织资源和声誉等。

资源配置是指企业对所需要的资源进行分配调整以克服资源的障碍，使资源之间能够相互匹配以符合企业的生产实践的具体情境，并在这一过程中形成独特的竞争能力（Powers and McDougall，2005）。这一过程包含了对资源的识别和获取过程，更多地倾向资源的来源、分配和使用。在创业活动中，资源的有效配置是企业开展创新活动的关键影响因素，它能够决定创业活动的成败，同时对企业保持特有的竞争优势起到重要作用（de Bruin et al.，2007）。

资源配置实质上就是对资源的搭配和重置，John 和 Srivastava（1999）的研究发现，基于技术设备的相关跨界创业并没有提高企业的财务绩效，但是部分组织协调性强的企业却取得了高于平均水平的绩效，可见简单组合的相关跨界创业并不能轻易获得跨界活动“溢价”（孙俊华和陈传明，2009）。对创业资源的科学优化配置至关重要，它是企业创业活动实现独特竞争力的关键保障。同时资源能够得到科学合理的高效配置对企业新技术、新产品的开发，以及保持企业的核心竞争力起到重要作用（Hitt et al.，2001b）。

2. 相关理论

1）资源基础观理论

资源基础观理论最早由 Penrose（1959）提出，他将该理论与企业成长理论结合在一起，认为企业天生具有扩展思想，希望将企业自身所拥有的资源最大限度地应用到更为广阔的时间和空间，将企业自身的优势资源发挥到极限。Wernerfelt（1984）发表了《资源基础观理论》，该研究指出企业是一个资源的特殊组合而并非一个产品市场的活动，资源包含有形资源和无形资源。这一观点被后续许多学者加以拓展和延伸，出现了独特能力、核心竞争力和主导逻辑等相近似的概念。

Barney 和 Turk（1994）在综合前人研究的基础上指出，企业具有不同类型的有形资源和无形资源，这些资源被有效地整合利用后可以转化为能力，而当企业的资源和能力具有价值并难以模仿或替代时就可以转化成企业的可持续竞争优势。

资源基础观理论的核心思想是将资源作为企业制定具体战略决策的根本出发点和着力点，而在跨界创业活动中这样的资源更多的是指企业内部市场交易的内部资源。这一思想建立在一定的假设前提下：企业拥有的资源是异质性的，而这些异质性资源不会在不同的企业之间进行流动。在这样的情形下，企业所拥有的稀缺而独特的资源和相关能力能够使企业具备无法模仿的竞争力，进而获得超额利润和可持续竞争优势，取得企业跨界创业活动的成功。

资源基础观理论强调企业要充分利用自身所控制资源的异质性来调动相关的资源和能力，能有效识别、配置和利用企业所拥有的优势资源，来克服资源障碍以保持企业的可持续性竞争优势和企业成长（Wegloop，1995）。不同企业之间的竞争地位之所以存在差异，更主要的原因是企业所拥有的资源和见诸资源基础上的能力存在差异。另外，不同企业开展创业活动的结果存在差异，也主要是在于企业是否能够将其拥有的核心、独特的优势资源转移到创业活动中。因此，企业创业活动的成功和竞争优势的维持就转变为对核心资源的有效识别与利用，科学合理的资源配置战略成为影响新事业成功和企业成长的关键因素。

我国学者也基于资源基础观理论对跨界创业做了研究，张金华（2004）在以资源为基础的跨界创业战略的研究中指出，企业应该有效地整合内外部资源，外部资源有市场、供应链、金融和社会资源，内部资源包括人力、资金、物质和信息资源。根据不同资源的特征，企业将资源的价值转化到跨界创业战略之中，并逐渐形成一种资源整合的能力。宋铁波等（2016）在对市场分割情境下的资源能力、行业特征和跨界创业战略的研究中提出，跨界创业战略是企业自身所拥有的资源和能力特征得到充分利用与延伸的过程，企业的核心资源和能力对于跨界创业战略存在着重要的影响作用。

2）资源依赖理论

与资源基础观理论侧重企业内部资源而忽视外部环境影响不同的是，资源依赖理论更多地看到外部制度环境对于企业的内部资源和经营行为的影响，强调不同的外部制度环境会对企业资源获取起到差异化的作用结果。在公司跨界创业活动特别是跨界创业活动的研究中，创业主体的创业活动必然会受到外部制度环境的影响，有时制度环境会直接决定创业主体创业行为的实施和成败。而资源依赖理论能够更为有效地解释创业主体和外部制度环境之间的作用与影响关系，突出制度环境的重要作用。因此，在对公司跨界创业活动的研究中，需要既能够看到资源基础观理论关注的内部资源问题，又能够关注资源依赖理论所关注的外部环境对跨界创业活动的作用，将两者有效地结合并建立一个内外部有效结合的资源研究视角，是公司跨界创业活动研究的科学方式。

资源依赖理论最早由学者 Thompson 和 McEwen（1958）提出，他们在 1978 年发表的《组织的外部控制》是资源依赖理论的经典代表作。资源依赖理论建立在如下假设基础之上：企业为了生存和发展需要各种有形和无形资源，而其自身不可能具备所有需要的资源；为了获得自身不具有的各种资源，企业不得不与外部制度环境中的利益相关者进行资源交换活动，这样就产生了对外部制度环境和利益相关者的资源依赖（Heide，1994）；为了能够有效地降低依赖成本，企业需要采取恰当的战略和正式或非正式的结构化交换关系来降低依赖的不确定性。

资源依赖理论更多地关注组织的外部资源依赖性，依赖性的大小取决于组织所需要的资源被外部利益相关者控制的集中程度和所需求资源对组织活动的重要程度。当企业不能运用同样的资源控制力来抵御外部资源拥有者对企业的控制时，就会出现不对称性依赖（Pfeffer and Salancik，2003）。这种不对称性依赖的存在会使拥有核心资源控制能力的企业具备一定的控制“权力”（Ulrich and Barney，1984），权力观念的引入也成为资源依赖理论的重要贡献。实践中，企业都希望尽可能地弱化外部企业对本企业的控制权力，而期待可以建立企业对外部利益相关者的控制。

但是，资源依赖理论在重视对外部制度环境和利益相关者资源依赖的同时并没有否定组织内部的资源依赖问题，组织内部也存在权力问题。在进行创业活动时，创业行为所需要的资源会掌握在原有业务单元之中，此时新业务单元就会对原有业务单元和关键的资源控制者产生一种依赖。另外，组织对外部利益相关者的资源依赖也会影响组织内部的战略安排（Pfeffer and Salancik，2003）。

因此，企业在进行跨界创业活动的过程中，为了降低外部制度环境的不确定性对企业资源需求的影响，满足企业对异质资源的不同需求，企业需要持续识别获取和有效配置内部资源与外部资源。不同组织间会呈现创业活动成败的差异和竞争优势的区别，主要原因是不同组织在对资源的识别和配置过程中存在差异，而企业的资源配置战略和能力会影响该过程的实施。

2.3　公司跨界创业内外部挑战的应对

2.3.1　公司跨界创业外部合法性约束的应对

战略理论视角的研究强调，当公司开展跨界创业活动时，可以通过选择适当的跨界战略来应对新进入者的合法性门槛，进而取得跨界创业活动的成功。它更加注重强调企业如何通过获取、维持和修复三大方面的战略活动来应对合法性约束。

1. 获取战略

为了获取企业生存和发展的合法性，可以通过采取符合受众规则的行为来影响受众，进而获取相关的资源。企业可以通过建立符合受众标准的组织结构、管理者和创新商业模式来迎合受众的要求，不断地调整其战略和战术来获取受众的支持与认可。具有较强能力的组织还可以通过其行为活动来改变或创造外部的环境（Zimmerman 和 Zeitz，2002）。通过强有力的广告宣传，运用平面和网络媒体来营造适合企业发展的外部环境氛围。在组织不断地对外部环境进行渗透的过程中，积累的影响结果会导致外部规制环境发生一定程度的转变，甚至可以创造出一个全新的制度和市场环境。

根据 Suchman（1995）与 Zimmerman 和 Zeitz（2002）的研究，获取合法性的战略主要有以下几种。

1）依从战略

在获取认知合法性方面，主要通过顺从已建立的模型和标准。制度学者指出，组织在不确定的环境中经常通过模仿同形态的组织追求可理解性和理所当然性，模仿同形态即模仿所在领域中最突出的、安全的实体（Dowling and Pfeffer，1975）。即使在新行业，没有这样的已构建模式，开拓者可以通过顺从“试探法”来保护他们的认知合法性。

在规范、规制等社会政治合法性方面，组织需要满足各种受众的实质性需求，这就需要熟悉各受众的口味；组织还需要为各种受众提供决策，这就需要组织在不改变自身目标的基础上团结受众，这是技术上更容易实现的管理问题。另外，组织采取循规蹈矩的姿态追求道德合法性，实际地产出有形、有价值的成果是追求道德合法性的具体战略。但是，有形的道德产出很难实现或很难得到证明，组织也缺乏直接的方法提升道德产出（Oliver，1990），很多有效方法的共同点是在合法的制度网络中嵌入新的结构和行为。管理者偶尔利用团结策略，在环境中联合受尊重的实体。在最极端的情况下，管理者会为了给出符合社会理想的形象而冠冕堂皇地修改他们的核心使命。

2）选择战略

在认知方面，制度环境中存在许多门槛和限制，管理者通常通过顺从详细的正式需求获取明确的认证。高度制度化的行业为顺从流行标准的组织提供了良好的环境。但是，组织可能会发觉自己无法在一个单一而连贯的环境中经营，在这种情况下组织会选择性地重新配置环境约束，或隔离环境，或牺牲其他环境来迎合一个环境，或集成环境并说明组织在任何一个标准下都是合法的。Meyer 等（1991）提供了隔离环境的策略：重视令人喜悦的虚礼，同时忽略绩效结果；展示愤世嫉俗，并公开承认确立漫无目的的仪式；承诺改革，从而将今天的现实与明天的理想隔离开。

在其他方面，选择一个有利的环境通常是一种市场研究：组织必须识别和吸引那些能够认定组织提供的交易是有价值的受众。同理，如果组织寻求影响合法性也必须招募一些候补受众，让受众认为核心受众是可信的。然而，他们不太可能要求组织行为出现大的变化。社会规范方面反映了更广义的文化问题（Khaire，2010），因此对社会规范标准的选择更为有限，组织对该标准的选择取决于组织为自己设定的目标及目标涉及的行为领域。组织会在不同的道德标准中进行选择，如效率、问责制、机密性、可靠性和响应性等。

3）操纵战略

认知层面的操纵战略，对集体行为的需求更为明显。组织通常喜欢通过坚持来获取可理解性和理所当然性，但是简单的持久性不如集体行为的变革力量（Suchman，1995）能够产生操纵的效应。集体行为通常采用阐述新文化规划的可理解性来不断说明战略的真实性（包括游说、广告、活动赞助、诉讼和科学研究），或实施标准化的行为（通过鼓励同构性）促进理所当然性。

实用方面的合法性反映了组织与特定受众间的直接交易和影响关系，因此是最容易操纵的（Chan and Makino，2007）。组织可以采取多种方式获得实用方面的合法性，一般可以通过产品宣传的形式，如说服特定对象认为自己的产品有价值，还可以采用形象广告的方式（印象管理）。当技术成功能够使组织成功时，技术成功就很具说服力。但是，更协调的集体战略通常更有效，团体组织通过积极地介绍产出、过程、结构和人员来占据荣誉与受尊重的道德，给规范制度施加了巨大的压力，这样的集体行为随着时间的推移，构建了能够改变受众的联盟进而影响道德价值观。

4）开拓战略

在认知方面，开拓主要是指社会环境的创造，如规则、规范、价值观、信仰、模式等。开拓战略在新行业的导入期（雏形期）的运用非常明显，在四种战略中最具战略性。在认知方面，开拓战略主要包括创造新的经营行为、商业模式和创意等（Zimmerman and Zeitz，2002），如亚马逊公司面对大众市场所采用的在线零售书籍模式。

在社会政治的规制方面，开拓主要针对对企业行为有利的信念的规则和制度（Zimmerman and Zeitz，2002），如吉利汽车创造了民营企业制造汽车的市场准入制度，打破了国家对于汽车制造行业的行政许可制度，使得民营资本也可以涉足该行业。在社会政治的规范方面，主要是发展有利于自身的规范和价值观，如美国的互联网创造了一种新的商业模式和价值规范，使得投资标准建立在市场增长和市场占有率的基础上，而不是利润率上。

2. 维持战略

维持战略通常分为两组：感知未来的变化和保护过去的成就。这两组战略没有获取战略那样积极，但保护策略通常比单纯的感知技术更需要主动性。

1）感知未来的变化

感知未来的变化注重提高组织识别受众反应的能力和预见即将出现的挑战的能力（Dowling and Pfeffer，1975），组织应该防范沉溺于自己的合法性“神话”而忽略周围环境的变化。一般来说，感知未来的变化策略包括监测文化环境和吸收环境中的元素到组织决策过程中，通常采用跨边界人员作为桥梁，组织可以通过这个桥梁了解受众的价值观、信仰和反应。

为了感知出现的实用要求，组织必须监视多个利益，为此它可能拉拢受众到组织的决策中来——不是向受众象征性地一再保证，而是向管理者提供文化见解（Elsbach，1994）。为了感知外部环境出现的道德信仰，组织必须吸收多个道德伦理，为此它可以采取让追求专业化特许确定的组织成员参与外部规范制度的宣传活动。为了感知认知理解，组织必须探索多个愿景，为此它可以建立特定的子单元作为“怀疑一切的人”，授权它们去质疑别人的“理所当然的假设”。

2）保护过去的成就

组织可以通过将合法性从间断式转化为持续式的方式来提高它们的安全性与合法性（Suchman，1995）。在很大程度上，这个任务可以归结为以下几项：规范内部操作来防止失误，减少高度可见的合法化工作支持更微妙的技术，开发一个能够获取受众支持的信仰、态度和解释的防御性储备。受众在认定组织可信后，往往会放松警惕，因此组织应该避免唤醒受众对它们的可信性审查（张玉利和李乾文，2009）。强势策略不是一个富有成效的合法性维护策略，因为它在道德上是有问题的，往往会削弱外在性和客观性。相反，组织应该通过调用合法权威、操纵语言和管理挑战，以寻求新一代支持者来替代组织的批评者。

在实用层面上，战略行为应该是一致的、可预测的，不仅要满足受众需要，而且要消除不确定性并培育一个受众能够控制的感觉。在道德层面上，行为应该举证责任，不仅要避免不当行为，也要避免单纯重视利益而忽略结果的效应（Certo and Hodge，2007）。在认知水平方面，解释应该是简单的，甚至是平庸的，对于组织行为的解释要使它看起来自然和不可避免。

3. 修复战略

大部分的合法性获取战略也可以用于危机后重建合法性，前提是该组织仍然拥有少量的荣誉和与之相关的关联性。组织必须在受众对特定的过去行为的评价与具有一般持续意义的评价之间构造一道“防火墙”，将出现的危机与组织先前的合法化状态区别开来，使受众认为危机是一种暂时的可跨越的状态。Suchman（1995）对于该类问题提出了三个战略：提供标准化解释、组织重构和避免恐慌。尽管合法性危机可能与绩效问题联系在一起，大部分问题最终取决于受众对组织行为意图推定的失望：受众先前推定的令人满意的产出其实是一种危害，推定的有效程序是一个骗局，或者推定出色的结构只是外在表象（Ahlstrom et al.，2008）。

1）标准化解释

当危机出现且合法性受到威胁时，管理者可能试图否认这个危机问题，希望能减轻受众的关注，至少在组织可以寻求一个补偿方案之前可能会否认这个危机问题（Kostova and Roth，2002）。不幸的是，除非这样的否认是真诚的，否则随后的真相可能严重消耗组织长期的合法性储备。比起否认这个问题，管理者可以选择通过质疑组织道德责任来请求宽恕。而这第二个策略，通常相当于责备个别员工或组织外部门，也是一把“双刃剑”，因为它表明管理控制的潜在缺失。

管理者可能会尝试证明破坏（即自己的不合法的行为）是正当的，回顾性地重新定义意图和结果，以达到使破坏性事件与流行的道德及认知信仰表现出和谐的目的。如果管理者不能想出一个解释来消除道德责任，他们也许仅仅会通过保留其他方面支持的世界观来解释毁坏事件，进而保留一点认知合法性（Sherer and Lee，2002）。

2）组织重构

除了提供否认、借口、理由和解释等标准化解释，组织也可能通过战略的结构重组促进重建合法性。无差别的结构改革可能使组织变得不稳定和不可靠，但是有针对性地改变结构如果能够与规范的解释契合，组织结构的重组就可以控制合法性的流失（DiMaggio and Powell，1983）。采用结构变化来象征性地将组织与“不良影响”拉开距离，也是组织重构的一种。组织可能将自己从丧失合法性的程序、结构，甚至地理区域中分离（Freeman and Hannan，1989）。比起用总体免罪来拉拢易受骗的受众，组织可以选择性地承认自己经营的有限性是有缺陷的，而且这能够明显地消除那些特定的缺点（Suchman, 1995）。

3）避免恐慌

虽然避免恐慌这个方式听起来滑稽，但它实际上并不滑稽。丧失合法性的组织若过于疯狂地寻求重建合法性，可能使合法性这一工具失灵（Fligstein，1991），如果耐心且克制地利用这一工具，可能会拯救组织脱离合法性危机。

以往学者的研究，以公司跨界创业为研究对象的合法性研究明显不足。前人对组织合法性的研究大多针对一般组织，对于特定组织的研究多聚焦于跨国企业或非营利性组织，对于跨界创业企业这一群体的相关研究却稍显不足。与一般组织的合法性不同，跨界创业企业的行业“异质性”使其合法性具有复杂性与脆弱性的特点，合法性也成为跨界创业企业在开拓新市场过程中难以跨越的课题。

另外，学者对复杂条件下合法化战略的研究也尚未完善。前人在组织合法化战略研究中，大多从单一视角出发，有的站在社会制度的角度“朝里看”，把合法性作为制度化的产物；或者站在组织管理者的角度“往外看”，用战略理论解释企业的行为选择（曾楚宏等，2008）。事实上，跨界创业企业的合法性挑战既有来自外部环境对企业施加的制度压力，也有来自企业内部对外界的资源依赖；企业行为既包括制度嵌入的被动接受，同时包含企业发展的主观创造。因此单一视角并不能完全解释创业企业合法化过程中遇到的合法性挑战及战略行为选择，需要对合法化战略的研究整合多种视角，在识别出内外部关键影响因素的条件下，对组织合法化战略响应进行系统而全面的研究。

2.3.2　公司跨界创业内部资源配置障碍的应对

1. 资源配置障碍的影响因素

1）业务相关性

Rumelt（1974）通过对美国企业开展跨界创业活动的研究发现，随着企业的不断成长，开展跨界创业活动的形式分为业务相关型和无关型两大类，其中采取相关型跨界创业活动的企业会拥有较高的绩效。随后的学者试图采用连续代码测量的方式来测度跨界创业活动的业务相关性（Bettis，1981），业务相关性对企业的绩效作用差别并不显著。而 Williamson 和 Winter（1993）通过对 250 家公司跨界创业活动的研究发现，业务相关性高的企业比业务相关性低的企业绩效要好，但是业务相关性低的企业的现金流更好，财务杠杆作用更为显著。

还有一些研究者尝试通过研究跨界创业活动对企业绩效的非线性作用，来分析公司跨界创业的绩效结果（Lubatkin and Chatterjee，1994；Markides and Williamson，1994）。研究发现，只进行单一业务的多元化不能够充分发挥冗余资源的利用机会，要适度地采取相关性高的多元化活动，通过各个多元化业务之间的相互协调配合来获取更高的经济收益。但是，当多元化程度到达一定的界限之后，资源的共享和配置成本会大大提升，这时只能采取其他渠道寻求配置协调优势，而这样就会使得协调所能够带来的价值收益远远低于跨界活动的范围经济收益。这表明跨界创业的业务相关性和企业绩效之间存在着一种倒“U”形关系（Palich et al.，2000）。

但是也有学者的研究发现，业务相关性与公司跨界创业绩效之间的倒“U”形关系和企业的其他因素有关，如产业研发、资本密度等（Christensen and Montgomery，1981）。因此，尽管相关性高的跨界创业活动会比相关性低的跨界创业活动绩效好，但是相关性只是绩效提升的必要非充分条件。另外，部分学者研究指出公司跨界创业不同业务的绩效差异和业务相关性没有关系，完全是由产业等方面的因素造成的。一旦有效控制了产业因素，跨界创业活动的业务相关性并不会影响企业的绩效差异。有学者的研究甚至发现，业务相关性高的公司跨界创业活动会带来绩效的降低（张卫国等，2002）。

由此可见，学者对于业务相关性对公司跨界创业活动的绩效影响存在着多种认识：有的学者认为业务相关性高的公司跨界创业活动绩效好，有的认为业务相关性高的公司跨界创业部分程度上比相关性低的绩效好，有的学者认为业务相关性对公司绩效的影响没有明显差别，还有学者认为业务相关性越高跨界创业活动的绩效越低。不同学者对业务相关性对跨界创业活动绩效影响的争论表明，在进行公司跨界活动的研究过程中，应该根据自身的研究目的和研究内容，将业务相关性作为公司跨界创业活动的重要因素进行考量。

2）制度压力

随着全球化的发展，许多发达国家的跨国公司加快了国际化扩张的市场步伐。然而随着新兴经济的高速发展，企业的跨界行为受到了所处制度环境因素的巨大影响（Johanson and Vahlne，1977）。其面对的外部市场力量和依赖的内部资源与能力都会随之发生变化，因此 Peng 等（2005）指出在进行公司跨界创业研究时应该要注重以制度理论为基础的新视角。之后的许多学者在对新兴国家的跨界创业问题进行研究时，都会考虑从制度理论的视角进行阐述。

新制度理论认为，组织生存面临的压力并不完全取决于企业自身的资源、经营效率，有些企业虽然经营效率不佳，但由于其符合了所处环境的制度规范、社会价值和文化信仰，依旧可以发展成长。随着新技术的高速发展，组织所面临的市场环境竞争越发激烈，信息的更迭日益加快，不确定性显著增强。因此，企业要追求长足发展，必须要集中力量应对外部环境对企业的要求，获得适当性和合法性的认可（DiMaggio and Powell，1983；Elsbach and Sutton，1992；Scott，1995）。这为组织行为的研究提供了一个崭新的视野，能够同时应对组织运行和合理性构建的多元制度逻辑。

3）交易成本

交易成本理论认为，外部市场在对企业间的交易活动进行协调时会发生信息搜寻、监督和协商等方面的成本。而交易成本与制度环境有着紧密的联系，一般来说，法律制度、行业规范越完善，交易成本越低。企业采取多元化的目的就是降低这种交易成本，进而提高交易活动的效率。交易成本的存在，使企业会通过层级的组织形式来进行生产活动，进而减少与市场进行交易的成本。

Williamson（1975）指出，企业在公开市场进行交易时其成本会比较高，这样会提升交易的不确定性，有时还会破坏交易的顺利展开。企业如果选择跨界创业战略开辟内部市场，就会降低风险，减少交易成本，更高效地配置资源。因此，根据交易成本理论，利用内部资本进行创业活动是企业发展到一定阶段之后，降低交易成本提高交易效率的明智之选。

2. 资源配置战略

以资源基础观理论为基础的战略研究往往与企业成长理论紧密相连，企业成长的三点内在要素都与资源密切相关。企业是在一定的管理范畴下的特殊资源组合，有效地协调配置资源并提升其管理职能会带来企业的成长（Sarkar et al.，2001）；企业的成长是由自身资源所产生的生产或服务能力推动的，而不是各类外部市场要素力量作用的结果；企业的冗余资源或核心资源的有效、可持续利用是企业成长的助力（Miles and Covin，2002）。而资源本身的不可分割性、不平衡性及企业能力的有限性会使企业的资源不能被完全利用，因此需要不断探索未利用资源的价值，充分利用企业的优势资源来挖掘未利用资源的价值进而加快市场的扩张和企业的成长，当然这是建立在对原有主业的维护下进行的（Berger and Ofek，1999）。因此，资源配置成为企业成长过程中非常重要的决定因素（Porter，1996），对于公司跨界创业发展意义非凡。

资源基础观理论表明企业可以进行最优的资源组合，巧妙地运用各类资源实现自身利益的最大化。因此，如何合理有效地配置资源，使之能够互相匹配、协调以形成企业的独特竞争能力是进行跨界创业活动的重要内容（Spencer and Cox，1994）。Tolstoy（2009）的研究指出，企业开展跨界创业活动的动因在于形成内部资源市场，对企业内部资源进行有效的配置（Prajogo and Sohal，2006）。当企业外部的资金持有者和企业之间的信息不对称性较强时，企业很难以合理的成本来换取所需的各种资源（Meyer and Rowan，1977）。而企业通过利用内部资源市场开展跨界创业行为，就可以在一定基础上解决由外部信息的不对称性带来的高成本和资金不足问题。

企业通过内部资源的合理配置进行内部资本市场活动有很多优点：首先，企业对自身的各类资源都比较熟悉，从内部市场来获取所需的资源时可以减少信息不对称性问题，降低活动成本（Teece，1982）；其次，在内部资本市场获取资源，经理人可以相对自主地选择跨界创业活动的经营项目，避免受到外部市场环境的约束（O’Leary-Kelly and Flores，2002）；最后，企业集团总部可以协调调配企业所需要的资金，使资金能够倾向优势项目进而提高资本的投资效率（Farjoun，1998）。

Porter（1998）的研究也指出，企业在实施公司跨界创业战略时，为了能够有效地配置资源，要充分建立企业内各类资源之间的关联，从而可以实现对原有资源的共享利用（Capron and Hulland，1999；Homburg and Bucerius，2005）。这种关联包括有形关联、无形关联和竞争关联。其中，有形关联是由于跨界创业活动和原有事业单元存在共同的买方、渠道、技术和其他因素而出现的价值链因素的共享活动（Winter-Nelson and Amegbeto，1998）。根据共享的形式，有形关联可以分为生产、市场、采购、技术和基础关联五大类。无形关联是企业在价值链中寻求可以将原有事业单元的专有知识和管理经验运用到新事业中（Kotha and Orne，1989），通过分析业务单元之间的主要价值活动的相似点来寻求是否存在可能应用于新行业的通用技术。而竞争关联则是要通过识别到企业原有事业单元竞争对手的相关性来应对新事业单元可能面临的竞争问题。为了实现上述三类关联，企业可以建立横向组织、管理、人力资源系统和冲突解决程序（Hayes and Wheelwright，1984）。

企业在进行跨界创业时会和市场进行信息、资源等方面的交易而产生相应的成本。企业总是会希望尽量降低这样的成本而与企业内部的相关资源进行交换。因此，企业内部的资源配置会成为公司跨界创业战略的首要选择，这样企业就可以降低相应的协调成本并无须将相关利益让渡给外部的利益相关者。

然而，在进行跨界创业活动时，企业不仅需要内部资源，还需要依赖外部资源，而外部资源的获取会受到企业所处环境的制度压力的影响，因此企业需要进行跨界创业资源配置战略的调整。为了能够获得相关正式和非正式制度规则的认可，企业会通过建立减少不确定性和对行为主体相协调的稳定的组织结构，从而降低交易成本。正式的制度约束包含相关法律、法规和经济契约等，非正式的制度约束则是社会的行为规范和公众的认知。现有的研究更多的是建立在资源基础观理论下对于企业内部资源的利用相关的研究，而对于如何克服制度压力探索外部资源的研究明显不足。

第 3 章　公司跨界创业战略选择的案例研究

3.1　公司跨界创业战略选择的探索性研究设计

3.1.1　研究问题与访谈提纲

1. 研究问题

根据研究背景和相关理论的梳理，我们以公司跨界创业战略为研究对象，从合法性和资源配置的双重视角对跨界创业的战略选择问题进行深入的分析。具体研究问题如下。

（1）公司进行跨界创业会面临行业差异带来的外部合法性门槛和内部业务相关程度差异带来的资源配置障碍，进入不同类型的行业其合法性门槛如何？采取不同业务相关程度的跨界创业其资源配置障碍又如何？

（2）为了应对合法性门槛，跨入传统行业的公司跨界创业会选择什么样的合法化战略，跨入新兴行业的公司跨界创业又会选择什么样的合法化战略？

（3）为了解决资源配置障碍，业务相关程度高的公司跨界创业会选择什么样的资源配置战略？业务相关程度低的公司跨界创业又会选择什么样的资源配置战略？

（4）当考虑合法性门槛与资源配置障碍的共同作用时，选择什么样的战略组合会使企业获得更高的绩效？

2. 访谈提纲

根据前期的理论探索和文献梳理，我们确定了一个初步的半结构化访谈提纲。提纲的内容以较为宽泛的整体性问题为主，并就提纲的内容对长春和吉林地区的两家开展跨界创业活动的企业进行了一次预调研，初步确定的提纲内容如下。

（1）请介绍一下企业跨界创业业务的基本情况及发展历程。

（2）跨界创业业务在开展跨界业务时遇到了企业内外部哪些方面的困难和阻力？

（3）为了应对企业外部的障碍采取了哪些策略来应对？为了应对企业内部的困难和阻力采取了什么样的策略来应对？

（4）您认为跨界业务开展的结果如何？取得了哪些成绩？存在哪些不足？

在对两家相关企业进行访谈的过程中，我们对企业的最高管理者、负责跨界业务的高级、中级管理者就上述提纲的内容进行了深入的访谈，并就访谈的内容进行了录音。

在进行了一轮预调研之后，我们将访谈的内容进行了系统的整理。根据访谈资料的内容所聚焦的各个方面，又进行了理论和文献的匹配，阅读了大量相关文献，对原有提纲内容进行了进一步的深化和调整，形成了以下最终调研提纲。

（1）请介绍一下企业跨界创业业务的基本情况及发展历程。

（2）跨界创业业务的整体环境（法律法规、行业规范和社会价值观）如何？企业是否因此感受到压力和困扰？

（3）开展跨界新业务会面临企业内部资源（人力、资金和设备等）的重新配置问题，企业在这方面是否遇到了困难和阻力？程度如何？

（4）为了获得企业外部利益相关者（政府、经销商、供应商和消费者）的认可，选择了什么样的策略来应对？

（5）为了合理有效地配置企业的内部资源，企业采取了什么样的策略？

（6）为了整体考虑应对外部环境的要求并有效地配置资源，企业是否做了相应的战略调整？

（7）您认为新业务开展的结果如何？取得了哪些成绩？存在哪些不足？

3.1.2　数据收集与数据处理

1. 数据收集

1）收集原则

根据 Yin 等（2004）的研究，案例研究的资料收集主要有适用多种证据来源、建立案例研究资料库和形成一系列证据链三条原则，遵循这三条原则可以确保案例研究资料的信度和效度，我们的研究数据也围绕这些原则展开。

案例研究的证据来源有很多种，如访谈、文件、档案、实地观察和二手资料等，各种证据来源的作用是彼此独立的，但是我们可以运用不同的证据来源对研究内容进行相互印证，形成三角证据链。我们运用了访谈、工作总结、实地观察和二手资料等多种证据来源，各类证据之间相互验证以提高研究的信度和效度。

我们建立了正式的资料库，这样可以不断总结和完善相关研究内容，随时从相关资料中提取所需要的信息。资料库中包含了案例研究记录、案例研究文件和相关的图表资料。我们努力构建案例研究问题—案例研究草案—案例引用的具体证据来源—案例研究资料库—案例研究结论的双向推理过程的证据链。

2）收集方法

我们主要通过深度访谈、工作总结和二手资料三种方式来收集相关的资料。

关于深度访谈，根据陈晓萍等（2008）的研究，好的研究应起源于对实际的思考与提问，而深度访谈正是提问的最有效方式。访谈中研究者可以向主要访谈对象询问某些事件的事实性与观点性问题。在一些情况下，还可以请求关键受访者进一步将自身的观点用时间形式进行描述，作为下一步提问的基础支撑。关键受访者可以充当信息提供者的角色，告诉研究者下一步适合的受访对象和相关资料信息。这些受访者对于案例研究的成功至关重要，有时是企业的最高领导者，有时是高管团队中对相关问题的主要负责者。当然，研究者也应该尽量避免过度依赖这样的信息提供者，尤其避免他们可能会对你的受访对象产生人际影响因素。此时可以通过多个信息提供者之间观点的相互验证，来进一步避免这样的访谈陷阱。

我们采用半结构式的深入访谈，在访谈进行之前对访谈提纲进行事先的准备，尤其是在理论方面，就访谈中发现的新问题和观点进行进一步的分析，不断完善访谈提纲和访谈内容（Wengraf，2001）。这样的半结构化访谈，既可以明确访谈方向和主旨，又可以给受访者较低的限定性和充分发挥的空间，可以使其按照企业的实际和自身的理解进行交流，可以帮助研究者进行有效的数据挖掘。我们和被访谈企业进行事前的沟通，确认访谈的对象、时间和地点，并将访谈提纲以邮件的形式发给被访谈对象，以便他们做好相应的准备。

在进行半结构化深入访谈的过程中，一般遵循以下原则：①访谈的地点最好安排在相对宽松的环境中，这样受访者可以自由地进行交流沟通，使其能够非常自然地表达对受访问题的看法；②每一位访谈者的访谈时间控制在1~2小时不等。在取得受访者同意的情况下进行录音，并做好现场的记录工作，将受访者的现场表现（表情、动作等）做以标记，以便后期对其访谈内容进行分析；③研究者没有预先设定研究假设和结论，对于研究问题是中立而客观的，充分尊重受访者的原始访谈内容；④对于受访者所回答的问题，尽量多倾听、少打断，待问题交流完毕再针对受访者的回答做进一步的细节上的追问，直至把研究者想要探讨的问题交流清楚；⑤对于同样的问题，尽量对不同级别、部门的受访者进行访谈，这样可以对研究问题做有效的印证；⑥及时地整理资料，要在访谈结束后的 24 小时内对访谈资料进行整理和总结，尽量避免遗忘和遗漏，在条件允许的情况下，将整理好的访谈资料发回给受访者，请他们协助检查和确认，经过确认无误之后，按照资料库的统一格式，录入相应的表格或者数据库之中，这一过程可以在团队成员的帮助下共同完成。

关于工作总结，在进行工作报告的资料收集过程中，我们也遵循了一定的步骤：①前期的准备，和深入访谈一样，和受访企业取得联系，在条件允许的情况下和每一位提供工作总结的被试者进行当面交流，介绍研究的问题、目的和内容，让其充分了解研究的具体情况；②撰写工作总结，将访谈提纲的电子版以邮件形式发给被试者，并告知被试者交付工作总结的期限，一般设定期限为一个星期左右，在此期间，至少和被试者进行一次电话沟通交流，询问其撰写情况和是否有疑问之处，以避免工作总结内容和研究存在不符之处；③收集整理，以及时收集被试者的工作总结，快速阅读相关内容，存在和研究的理解不一致或有遗漏之处，请求被试者进行必要的补充和完善，并就最终的整理结果进行确认，同深入访谈一样，经确认完毕后，统一录入相应的表格和资料库中。

关于二手资料，我们主要按照如下方式进行：①对于案例选定的企业以企业名称为关键词进行网上搜索，收集初步的电子资料和纸质资料，这一轮的资料收集工作，主要是了解企业进行跨界创业的整体情况，对整个创业过程的发展有个初步的了解；②对初步收集的资料进行第一次整理，在收集到海量电子资料和相关的书籍等纸质资料后，按照研究的脉络框架进行第一次整理工作，检查资料中是否存在相关研究内容资料缺失的部分，并和一手的深度访谈、工作总结等资料进行比对，记录资料不完善之处，为下一轮的搜索奠定基础；③以具体研究框架中的变量和研究内容为关键词进行进一步的网络搜索，对于初步搜索资料的遗漏和不完善之处进行补充，保证所有的研究内容都能够找到相应的证据资料作支撑；④将第二轮搜索的资料进行整理归纳，并输入相应的表格和资料库中。

总的来说，我们主要通过深度访谈、工作总结和二手资料三种数据来源进行收集，具体的收集过程从海量的二手资料开始。这些二手资料包括每家企业的媒体文章、研究机构的分析报告、与企业有关的书籍资料及和企业有利益关系的竞争者等企业的媒体资料。基于这些详细的二手资料，我们对每家企业的案例编年史进行了撰写工作，写作耗时 2 个多月。我们按照时间顺序列出了每家企业进行跨界创业的外部合法性挑战、内部资源配置障碍、合法化战略、资源配置战略和绩效结果。然后，根据预调研修改的访谈提纲，对企业内部和外部相关的被调查者进行半结构化的访谈和工作总结的撰写工作。我们在每家企业都开展了 2~3 次的深入的访谈和工作总结的撰写，时间从 2014 年底到 2016 年初。我们的初访对象是企业的高管和跨界创业活动单元的负责人，每次访谈大约持续几个小时的时间。通过访谈内容来验证和探索企业进行跨界创业的主要构念，并和二手资料中的数据进行对比，从而完成三角验证的过程。完成初访后，我们将整理的分析结果中涉及的相关构念进行进一步的分析，并对关键问题进行下一轮的访谈工作，对涉及跨界业务的企业内部各级管理人员和核心技术人员进行深入访谈。遇到有不便访谈的，要求其以工作总结的方式提供所掌握的一手资料。而企业外部的被调查者主要是合作者、竞争者、行业专家和曾经任职的员工，被调查者的多重性可以使我们从多种渠道获取相关资料，并使它们进行相互验证，以避免因被访对象单一造成潜在的偏差。

2. 数据处理

数据资料整理分析是案例研究的核心，也是很难运用规律性的语言来阐述清楚的，整体来说，可以分为案例内的数据分析和多案例间的数据分析两大类。我们的研究是一种多案例研究，既包含了案例内的数据分析也存在案例间的数据分析。

根据陈晓萍等（2008）的研究，在进行多案例分析时案例间的资料需要进行比较分析，以明晰跨案例间的相同和不同之处。我们处理数据的原则和分析思想是开放且多元的，运用多种证据来源来处理相关证据，既包含正面的证据也需要反面的证据。一般来说，案例间数据的比较既可以是基于研究类别的跨案例比较，也可以是依据案例性质开展的全方位比较（Eisenhardt，1989）。对于研究类别的跨案例比较，研究者可以根据研究的维度和类别把案例分成不同的类型，然后比较案例内的相似性和案例间的差异性；而全方位比较，是将案例进行配对，进行所有特点的全面比较，罗列所有的相似和差异之处。

我们的研究采用了多案例的研究方式，并且是对跨界创业战略的现象分析，因此，访谈成了我们的主要资料来源（Eisenhardt and Graebner，2007）。访谈是获取实证数据非常有效的一种方法，但是也会存在事后的印象管理问题。为了解决这样的问题，我们采取的方法是就同样的研究主题访谈多个既熟悉相关业务情况又对研究现象有不同视角的访谈对象。具体的访谈对象，包含了进行跨界创业业务单元具体负责相关业务的高、中、低层的管理人员，企业的高层管理者，以及相关业务单元的管理者与业务负责人员，另外，我们还访谈了同行业的竞争者和其他利益相关者，以便更加全面地了解企业的跨界创业相关研究问题。

3.1.3　信度和效度

1. 信度

案例研究的信度是研究过程要具备可重复性和可靠性，可以通过制定研究计划草案、建立研究数据库的方式来实现（Yin et al.，2004）。研究草案不仅要涉及研究过程的说明、资料收集和分析原则，还要包含研究目标与探讨议题、研究场所与程序、研究问题和研究报告结构几方面的内容；而研究数据库则至少要包括访谈录音、观察记录与录像、现场研究笔记和文件档案数据等，这样后续研究者就可以根据数据库的内容进行再检查与分析，继而强化案例研究的信度。

在研究中，我们做了以下几方面的工作来提升案例研究的信度：①在深入访谈和工作总结的受访对象方面，不仅有来自企业内部各个管理层级的人员，还包括企业外部的投资者、竞争者、供应商和销售商等利益相关者，这样不同领域的受访者提供的资料可以提升研究的可信度。②在受访对象的选定渠道方面，主要是通过研究者和团队的个人关系来选择联络，企业方面负责的联络人员一般也是职位比较高的管理者，这样有助于提升受访对象对研究的重视，并能够提供相对可靠的信息资料。③在建立最基本的理论构念和研究脉络之后，我们选取了两家企业进行预调研。通过对企业调研资料的整理分析，修正和细化了调研提纲，并对初步设定的理论构念与逻辑进行相应的修正，这样就提升了正式调研的科学性与可信性。④我们按照 Yin 等（2004）提出的构建信度的建议撰写了研究计划草案，并建立了数据库，将各种一手、二手资料整理录入相关的数据库中。

2. 效度

同量化研究一样，案例研究也要遵循科学研究的法则，严守科学研究中的效度和信度。陈晓萍等（2008）的研究指出，案例研究所要遵守的标准主要有以下四种：①构念效度，根据所要探讨的概念，进行准确的操作性测量；②内部效度，建立因果关系，说明某些条件或某些因素引起的其他条件或因素的发生，并排除其干扰；③外部效度，指明研究结果可以类推的范围；④信度，明确研究的可复制性。具体来说，上述四种标准都有着适合自身的构建方式。

为了提升研究的构念效度，我们在研究中可以采用多种证据来源的三角验证、证据链的建立和信息提供人的审核等方法（Eisenhardt，1989）。在选定的案例企业中，我们除了大量运用深度访谈、工作总结的数据资料外，还运用了许多网络搜索的二手资料，包括来自政府机构和行业协会的相关分析报告、各种新闻报道、有关专家和学者的文章、专著或评论等，一方面可以对一手资料进行有益的补充，另一方面还可以进行相互印证以形成多重证据来源的三角验证。另外，对于相关访谈资料和工作总结的整理结果，都会以邮件等形式发回给相关受访者进行审核确认，以确保研究的构念效度。

在内部效度方面，研究者需要明确因变量的改变是由自变量的变化引起的。由前面的论述可以知道，为了降低其他因素的干扰，我们采用模式匹配、构建性解释和时间序列等方式来提升内部效度。在外部效度方面，案例研究的结论需要具备可以适用于其他类型或者与研究者案例在时间点上存在差异的案例类推性，结果与理论的类推范围越广，其所得出的结论或者理论就越具有说服力（Cook et al., 1979）。为了提高研究的外部效度，我们在案例资料的整理和分析过程中，撰写了详细的整理与分析报告。案例资料整理的具体方法和步骤在报告中都有明确阐述，这样有利于对后续其他类型的案例进行相关研究。

3.2 公司跨界创业战略选择的典型案例选取

3.2.1 案例选择

根据 Eisenhardt 和 Graebner（2007）的研究，案例研究更多的是为了发展理论，而不单单是为了检验理论，所以案例研究采用数据的理论抽样，这与大样本定量研究随机抽样方式不同，但却是符合案例研究情境的合理方式。理论抽样意味着，我们选择一个案例的出发点是案例本身适合探究、说明不同构念间的关系与逻辑。通过理论原因进行抽样，进而达到揭示一个不同寻常的现象、对立重复、排除其他可能的解释、重复验证其他案例的发现和阐述新理论的目的。

1. 选择类型

案例研究类型主要分为两类，即单案例研究和多案例研究。在搜集资料之前应首先确定采用哪种类型的案例研究来说明要研究的问题。不同类型的案例研究有不同的适用范围，在选择时应根据研究问题的具体情况来确定。

单案例研究的理论抽样是直接的，根据 Yin 等（2004）的研究，选择的原因是其具有非同寻常的启发性，或者是一个极端的案例，抑或是一个极难得的研究机会。该研究还指出，单案例研究主要适用于以下情境：对于一个广为接受的理论进行批驳或检验，对某一极端或独一无二的案例进行分析，研究启示性案例但研究者有机会去观察和分析先前很难进行的科学现象。

虽然单案例研究能够充分描述某一现象的存在（Siggelkow，2007），但多案例研究往往能够为研究提供更为坚实的理论基础（Yin et al.，2004）。从多案例中推导的结论往往更加具有普适性和说服力，整个研究也因此被认定是经得住推敲的（Herriott and Firestone，1983）；另外，多案例研究还能够促进对研究问题的更为广泛的探索和理论提炼，相对于单案例研究而言，运用多案例研究来构建理论往往能够产生更坚实、普遍和可验证的理论。当然多案例研究也有自身的劣势，很多适用于单案例研究的场合往往不适用于多案例研究，如不常见的、批判性的和启示性的案例都不适用于多案例研究。另外，多案例研究会占用研究者更多的资源和时间，往往更加复杂，不容易掌控。

2. 案例

实践中，尽管单案例和多案例两种研究方法都能够对所研究的对象进行深刻的剖析，但是在有条件的情况下，还是应该选择多案例研究而不是单案例研究（Yin et al.，2004）。因此，我们对公司跨界创业战略研究，采用多案例的研究方式。

我们依据公司跨界创业业务相关程度和跨入行业的差别进行案例的选择，选择以下案例进行研究：云南白药集团跨入传统行业——日化行业做云南白药牙膏进行业务相关程度高的跨界创业，吉林神华集团有限公司（以下简称吉林神华集团）跨入传统行业——医药行业进行业务相关程度低的跨界创业，阿里巴巴集团跨入新兴行业——互联网金融进行业务相关程度高的跨界创业，海尔集团跨入新兴行业——物联网进行业务相关程度低的跨界创业。

3.2.2　案例简介

1. 云南白药集团

云南白药集团创制于 1902 年，拥有中国驰名商标，名列首批国家创新型企业，是享誉中外的中华老字号品牌。1902 年，曲焕章在行医过程中注重探索各种草药配制之后的变化与用途，勇于创新，创制出对治疗跌打损伤、内脏出血有奇特功效的曲焕章万应百宝丹。1955 年 10 月，经昆明市人民政府卫生局批准，百宝丹被作价收买划归国营昆明市制药厂，曲焕章万应百宝丹改名为云南白药，由地方国营昆明市制药厂正式生产，确定了白药生产的工艺和质量标准。

1971 年根据周恩来总理指示建厂[①]，1993 年 5 月，云南省体制改革委员会以

① 百年白药创神奇. http://www.yn.xinhuanet.com/news/jj/j01090403.htm[2020-10-04].

云体改〔1993〕48 号文同意云南白药厂改制为云南白药实业股份有限公司①。11 月“云白药”A 股顺利发行 2000 万股，原始股价 3.38 元，12 月 15 日“云白药”A 股在深圳证券交易所挂牌上市，成为云南省第一家上市公司。2003 年，云南白药集团品牌完整统一，集团出资 3000 万元组建云南白药集团医药电子商务有限公司，营销工作的创新改造开始启动，顺利完成了营销网络和营销队伍的建设、新老模式的对接与营销方式的转变，使公司产品的市场基础得以夯实。营销系统的成功改制为公司进一步实施研发、生产和管理系统的创新改革奠定了良好的基础，成功实施创业再造。

2005 年云南白药集团推出“稳中央、突两翼”产品战略。公司经营业绩连续七年保持了健康发展的良好势头，各项主要经济指标跃居中医药行业首位，公司经营业绩得到证券市场的充分认同，公司总市值居于沪深两市医药类上市公司之首，标志着云南白药从一个地方性的企业成长为一个全国性的企业，由行业的追随者成长为行业的领跑者。云南白药集团 2010 年开始实施“新白药、大健康”产业战略，从中成药企业逐步发展成为我国大健康产业领军企业之一。

2011 年 10 月，云南白药集团从生产了 40 年的昆明 51 号正式转场至呈贡区，整体搬迁项目的实施，促进了公司的产业升级、管理升级和服务升级。在 Interbrand、《胡润百富》、BrandZ 等发布的中国品牌价值排行榜中，持续稳居行业第一，2015 年获中国商标金奖，拥有 3 件中国驰名商标。2016 年 12 月，为全面深化改革，推进企业混合所有制改革试点，快速做强、做优、做大云南白药集团，云南省人民政府国有资产监督管理委员会、新华都实业集团股份有限公司、云南白药控股有限公司在昆明举行了合作协议签字仪式，拟通过完全增资的形式引入新华都实业集团股份有限公司作为云南白药控股有限公司的战略投资人。

2. 吉林神华集团

吉林神华集团成立于 1998 年，目前主要从事生物制药、化学工业、房地产开发、汽车销售与维修、商业服务等行业，其旗下现有长白山制药股份有限公司、通化玉圣药业股份有限公司、吉神化学工业股份有限公司、聚源化学工业股份有限公司、吉林万利房地产开发有限公司、吉林市神华车业总公司、吉林市神华商务服务有限公司、吉林市玖号宾馆有限公司等骨干企业②，是吉林省大型民营企业。

长白山制药股份有限公司是集药品研发、生产、营销于一体的大型生物制药企业，完全按照国家良好操作规范（good manufacturing practices，GMP）标准进行建设，占地面积 15 万平方米，是国家中药现代化示范企业，是国家级的高新技

---

① 资料来源：云南白药集团官网（http://www.yunnanbaiyao.com.cn/list/ynbyPc/1/11/auto/20/0.html）。

② 资料来源：吉林神华集团官网（http://www.jlshjt.com/aboutus.php）。

术企业。

通化玉圣药业股份有限公司始建于1999年，是集药品研发、生产、营销于一体的大型生物制药企业，是市级农业产业化重点龙头企业、国家高新技术企业。

吉神化学工业股份有限公司投资25亿元建设的环氧丙烷项目，占地面积30公顷。该项目将为吉林省开拓一条发展新材料的产业链。

聚源化学工业股份有限公司投资11.8亿元，建设40万吨/年的聚醚多元醇项目，占地面积13公顷。项目达产后，将在国内聚氨酯产业的发展中发挥重要作用。

吉林万利房地产开发有限公司，主要从事房地产开发。2011年投资万利城项目。2013年开发建设了总建筑面积43万平方米的神华商业城项目。

吉林市神华车业总公司创建于1995年，是吉林地区轿车行业的龙头企业。主要从事中高档轿车的整车销售与维修、零部件生产及销售等业务。

吉林市神华商务服务有限公司成立于2012年，是吉林神华集团进军商界的新生力量，现拥有神华、万利休闲购物广场、神华商业城等商业项目。

吉林市玖号宾馆有限公司成立于2008年。由玖号会所、玖号食府、渤海海鲜三个独立实体组成。公司坐落于风景宜人的松花江畔，是集商旅住宿、洗浴舒体、金牌美食、休闲娱乐等于一体的多功能豪华宾馆。

3. 阿里巴巴集团

以曾担任英语教师的马云为首的18人于1999年在中国杭州创立阿里巴巴集团。创始人创办该企业是为了维护小企业的利益，他们相信互联网能够创造公平的竞争环境，让小企业通过创新与科技扩展业务，并在参与国内或全球市场竞争时处于更有利的位置。

2000年1月，阿里巴巴集团从软件银行集团等数家投资机构融资2000万美元，9月阿里巴巴集团举办首届西湖论剑，汇聚互联网界的商业和意见领袖讨论业界重要议题。2001年，阿里巴巴集团订立其使命及企业价值观。12月，阿里巴巴集团注册用户数超越100万人。2002年12月，阿里巴巴集团首次实现全年正现金流入。

2004年，阿里巴巴集团从数家一线投资机构融资8200万美元，成为当时中国互联网届最大规模的私募融资；7月其旗下淘宝网发布让买家与卖家进行即时文字、语音及视频沟通的PC（personal computer，个人计算机）版通信软件阿里旺旺；12月当时为阿里巴巴集团关联公司的第三方网上支付平台支付宝推出。2005年8月，阿里巴巴集团与雅虎达成战略合作，随后阿里巴巴集团接管中国雅虎。2007年11月，阿里巴巴网络有限公司在香港联合交易所主板挂牌上市，集团成立网上营销技术平台阿里妈妈。

2008年4月，淘宝网推出专注于服务第三方品牌及零售商的淘宝商城（现称天猫商城）；9月，阿里研发院成立。2009年9月，阿里巴巴集团庆祝创立十周年，同时成立阿里云计算有限公司；阿里巴巴集团宣布收购中国领先的互联网基础服务供应商中国万网。2010 年 3 月，阿里巴巴集团更改其中国交易市场的名称为 1688，全球速卖通正式推出，让中国出口商直接与全球消费者接触和交易。2011 年 6 月，淘宝商城从淘宝网分拆成为独立平台，聚划算从淘宝网分拆成为独立平台。

2014 年 10 月，阿里巴巴集团宣布计划在 3~5 年投资人民币 100 亿元，在中国建立 1000 个县级农村淘宝运营中心和 100 000 个村级农村淘宝服务中心；10 月，经营支付宝的阿里巴巴集团关联公司蚂蚁金融服务集团正式成立。2015 年 2 月阿里巴巴集团及蚂蚁金融服务集团宣布完成重组，6 月阿里巴巴集团及蚂蚁金融服务集团宣布将合资成立中国本地生活服务平台——口碑。2016 年 9 月，马云关于构建全球电子商务平台 eWTP 的倡议获纳入 G20 公报，并得到世界贸易组织总干事 Roberto Azevêdo 的支持。

4. 海尔集团

海尔集团 1984 年创立于青岛，创业以来，海尔集团坚持以用户需求为中心的创新体系驱动企业持续健康发展，从一家资不抵债、濒临倒闭的集体小厂发展成为全球最大的家用电器制造商之一。2016 年海尔集团全球营业额实现 2016 亿元，同比增长 6.8%，利润实现 203 亿元，同比增长 12.8%，利润增速是收入增速的 1.8 倍。海尔集团在 2006~2016 年收入复合增长率达到 6.1%，利润复合增长率达到 30.6%。利润复合增长率约为收入复合增长率的 5 倍。互联网产生交易额 2727 亿元，同比增长 73%，包含海尔集团产品也包括社会化的 B2B（business to business，企业对企业电子商务）、B2C（business to consumer，企业对顾客电子商务）业务。

海尔集团经历了 5 个发展战略阶段：名牌战略、多元化战略、国际化战略、全球化品牌战略和网络化战略阶段。创业 30 多年来，海尔集团致力于成为“时代的企业”，每个阶段的战略主题都是随着时代变化而不断变化的，但贯穿海尔集团发展历程的，始终离不开管理创新，重点关注的就是“人”的价值实现，使员工在为用户创造价值的同时实现自身的价值。海尔集团从 2005 年提出“人单合一”已经十多年，现在“人单合一”双赢模式因破解了互联网时代的管理难题而吸引了世界著名商学院、管理专家争相跟踪研究。

2008 年 3 月，海尔集团第二次入选英国《金融时报》评选的“十大世界级品牌”，在《福布斯》“全球最具声望大企业 600 强”评选中，海尔集团排名第三位，是排名最靠前的中国企业。2008 年 7 月，在《亚洲华尔街日报》组织评选的“亚洲企业 200 强”中，海尔集团连续 5 年荣登“中国内地企业综合领导力”排行榜榜首。海尔集团还入选了世界品牌价值实验室编制的《中国购买者满意度第一品牌》，排名第四。海尔集团已跻身世界级品牌行列，其影响力正随着全球市场的扩张而快速上升。

2012 年 9 月，美国财经杂志《福布斯》发布 2012 年“亚洲上市公司 50 强”

排行榜，中国家电业海尔集团连续2年入围该榜单。2015年，海尔集团在京发布电视模块化战略，并联合阿里巴巴集团推出海尔阿里II代电视，这是双方首次推出可定制的模块化电视，用户更换模块即可实现电视的软硬件升级。2016年1月海尔集团宣布，海尔集团与美国的通用电气公司签署了合作谅解备忘录，双方将在全球范围内合作，同时青岛海尔股份有限公司将整合美国通用电气公司的家电业务，通用电气公司将从海尔集团获得54亿美元的现金对价。2016年6月7日，青岛海尔股份有限公司和通用电气公司（纽交所股票代码：GE）共同宣布，双方已就青岛海尔股份有限公司整合通用电气家电公司的交易签署所需的交易交割文件，标志着通用电气家电公司正式成为海尔集团的一员。目前海尔集团旗下共有海尔、卡萨帝、统帅、日日顺、AQUA和斐雪派克六大品牌。

在了解企业基本发展情况的基础上，我们对四个企业跨界创业的相关情况进行了系统梳理，具体情况见表3.1。

表3.1 公司跨界创业大事件

企业名称	跨入行业	业务相关	跨界业务重要事件
云南白药集团	传统	高相关	2003年，云南白药集团董事长王明辉对外宣布，全面推广云南白药牙膏； 2005年，云南白药集团成立“健康产品事业部”，增加广告宣传，加大云南白药牙膏的推广力度； 2006年，经过长达半年的四轮宣传攻势，云南白药牙膏的口碑开始建立； 2007年，养护型牙膏——金口健牙膏面世，新品牌将推动云南白药牙膏的多品种建设； 2012年，云南白药牙膏已经建立多品种牙膏群组； 2015年，聘请当红影星担任广告代言人，将云南白药牙膏向年轻群体推广
吉林神华集团	传统	低相关	2000年，吉林神华集团投入巨资收购了一个濒临倒闭的药企，重组成立长白山制药股份有限公司； 2001年，长白山制药股份有限公司通过了片剂、胶囊剂的GMP认证，成为吉林地区首家通过该认证的药企； 2004年，长白山制药股份有限公司推出的康艾注射液（抗癌注射用药剂）成为国家食品药品监督管理局批准生产的独家品种； 2012年，长白山制药股份有限公司收购了通化玉圣药业股份有限公司，有益地补充了企业现有的治疗性输液产品的生产线和品种； 2015年，长白山制药股份有限公司上缴的利税成为所在城市的第一位； 2016年，投资国际领先的中药颗粒剂的生产项目，整体市场规模突破110亿元
阿里巴巴集团	新兴	高相关	2003年，淘宝网首次推出支付宝服务； 2004年，浙江支付宝网络科技公司成立； 2010年，支付宝与中国银行合作，首次推出信用卡快捷支付； 2013年，与天弘基金管理有限公司合作推出余额宝业务，同时中国人民银行（以下简称央行）公告《支付机构客户备付金存管办法》； 2013年，深圳证券交易所和上海证券交易所修订交易规则，“场内余额宝”诞生，客户数达到4303万人，规模1853亿元，跃居行业第二； 2014年，四大银行下调支付宝快捷支付限额、央行叫停“宝宝”类产品提前支取存款不罚息优惠，周小川明确表态肯定不会取消余额宝； 2014年，蚂蚁金融服务集团成立

续表

企业名称	跨入行业	业务相关	跨界业务重要事件
海尔集团	新兴	低相关	2001 年，由国家经济贸易委员会牵头成立数字家庭工作组，海尔集团成为组长； 2003 年，海尔集团成立“e 家佳”联盟，和国内众多家电厂商一起共同构建数字家庭标准； 2007 年，海尔集团着手和房地产商合作，将数字中控预装到户，以此实现不同品牌产品的互联互通； 2012 年，负责数字检点业务的 U-home 部门划归家电部门，内部实现不同事业部的优化整合； 2014 年 3 月，在上海的智慧生活体验分享会上，首次发布了全新的 U+智慧生活操作系统； 2014 年 6 月，海尔集团出席苹果开发者大会，并与京东合作将其平台介入海尔 U+智慧生活操作系统； 2014 年 7 月，海尔集团在北京召开开发者大会，阿里巴巴集团、百度、华为技术有限公司（以下简称华为）等企业承诺为产品全生命周期提供支持和帮助，U+智慧生活操作系统平台开始公测； 2015 年 10 月，海尔 U+智慧生活操作系统受邀出席安卓全球开发者大会，HOPE 平台和开发者社区准备上线

3.2.3 案例的分析与呈现

我们的案例研究采用自然主义的研究方法（Lincoln and Guba，1985），运用归纳思维逻辑来分析数据（Glaser and Strauss，1967），案例研究资料的分析展示进程是一个从描述到解释的过程。Bernard（2011）认为，描述是指将复杂事物简化使人能理解，基本的问题就是要对实践中的研究现象，做清晰的说明；而解释则相对不容易确定，是为了帮助人们理解，说明复杂事物是如何根据某些具体的原则或理论使各个成分之间彼此协调一致。由于个案的分析要经历一个从描述到分析的过程，根据 Rein 和 Schon（1977）的研究这一过程就是要先讲述某种情境的故事，然后建立一个由关键变量确定的图表，最后建立一个理论或者模式。Carney 和 Watts（1990）将这一分析进程称为抽象化的阶梯，先准备一份文本，然后为文本编上类目，再找出主题与趋势，其后检测出研究者的灵感与发现，接着建立深层次的结构，最后将相关资料整合放入一个结构框架中。因此资料的转化就是一个资料压缩、聚类、分类和连接的过程（Cherardi and Turner，2002）。

但是，对于多案例研究来说，随着案例数量的增加，研究者很难做到将每个案例都详尽描述，这样只会将理论淹没在大量的描述性文字之中。研究者要在限定的篇幅内展示新理论和相关数据，我们采取的方式是按照研究机理的几个构成部分提出相关命题，并按照企业类型分类形成相关理论，最后再将形成的理论进行对比研究。我们研究的资料分析呈现经历了建立格式、录入资料、引出结论、写分析性资料和循环修订提出新图表的过程。

在对一个企业进行资料的录入、分析和建立研究结论的过程之后，我们对另外三家企业的相关资料进行了重复性的研究工作。当发现不同案例的数据对理论的构建存在不一致之处时，我们会重新检查案例的数据，进行更为深入的分析研究。在全部资料信息整理分析完毕之后，我们首先分别对跨入不同类型行业的企业跨界创业合法战略和资源配置战略的各个构念及其逻辑关系进行总结归纳；其次，将业务相关程度不同的企业情况进行对比分析。我们的研究在理论、文献和数据之中反复穿梭适配，从而完善我们的研究发现，既与现有理论建立了联系，又能够突出明确我们的研究贡献。整个过程历经 13 个月，最终得出了合法性和资源配置双重视角下的公司跨界创业战略模型。

3.3　公司跨界创业战略选择的案例研究结果

3.3.1　公司跨界创业面临的内外部挑战

1. 外部合法性门槛

我们的数据研究表明，当公司跨入新兴行业时，行业制度环境比较宽松，面临的规范、规制和认知方面的合法性门槛比较低，阿里巴巴集团跨界互联网金融业务就是个很好的例子。国家对传统金融行业的相关法律规定十分完善明确，央行、中国银行业监督管理委员会（以下简称银监会，2018 年已改名重组为中国银行保险监督管理委员会）等监管部门的监管也十分严格。但是对于互联网金融业务却因为其刚刚兴起，没有相关的法律规定。加入世界贸易组织之后，国家逐步放开外资银行和民营银行资本的介入，而对于互联网金融业务的限制也往往站在传统金融的角度，并没有针对这种新兴的特殊金融类型进行规制。用户对互联网金融业务的认知，就是从阿里巴巴集团做余额宝开始的。巨大的用户回馈率使新业务受到了用户的广泛认同，这种影响一直持续到后期的多项互联网金融业务。

海尔集团是跨界创业进入新兴行业的另外一个例子。智慧生活的物联网行业，是一个在 2012 年才开始快速发展的新兴市场，目前国家的法律对这一新领域还没有太多规定，所以企业新业务的发展并没有受到这方面的质疑和障碍。在规范方面，和阿里巴巴集团开拓互联网金融业务类似的是，海尔集团也是开展该业务较早的企业，相关的行业规范和社会认知也基本上是伴随着企业相关业务的逐渐完善和成熟而不断建立起来的。所以，整体社会规范对新兴的智慧家居业务的接纳和认可比较容易，新业务的发展很少面临这方面的障碍。在认知方面更是如此，在国内的企业中，海尔集团凭借强大的品牌影响力和对用户需求的不断关注，也相对容易地获得了来自公众的认可，特别是处在消费核心力量的年轻一代非常乐于接受数字家居这一全新的生活体验。

数据分析显示，当公司跨界进入传统行业时，其面临的来自外部规范、规制和认知方面制度的压力比较大，合法性门槛也比较高。云南白药集团跨界日化行业开拓云南白药牙膏市场就充分体现了这样的特点。日化行业的各项法律法规相当完善，对产品要求也比较细致具体，企业进入这样的行业面临的挑战和压力十分巨大。药用牙膏要想迅速获得认可需要跨越背景、价格和人群三大障碍。背景障碍是医药科技背景和日化产品嫁接推广"药妆"理念的障碍，而且两个行业在队伍、终端和渠道方面也截然不同；价格障碍是药用牙膏的成本要高于传统牙膏，一般而言 15 元是普通牙膏的上限，而云南白药牙膏 25 元以上的价格定位使得消费者接受起来需要一个过程；人群障碍是指在进行牙膏推广过程中，不仅要让有牙龈疾病、口腔溃疡等综合口腔疾病的消费者使用，同时要让没有口腔疾病的消费者使用，起到预防效果。更为重要的是，由于日化行业和公众的生活息息相关，人们对于产品品质的要求会相对比较高。要想进入这样的行业，必须是自身产品具有较高水准才能得到消费者的认可。正如企业市场调查中许多消费者强调的那样："对于牙膏来说，在条件允许的情况下我们还是比较倾向选择国外大品牌的牙膏，如佳洁士、高露洁等。国内的品牌也比较倾向选择知名一点的两面针、冷酸灵等。新的品牌我们可能会比较慎重，因为毕竟那是要每天使用清洁口腔的，选择起来会很仔细的。"

吉林神华集团跨界传统医药行业是另外一个例子。医药行业和公众的身体健康息息相关，国家的相关法律法规十分严格明确，政府对医药企业资质的管控和审核也相当严格。与企业原有汽车保养维护行业不同的是，医药行业对企业的产品品质要求非常高，行业标准十分具体、细致，企业要想获得长足的发展并取得行业标准认证，需要不断提升产品或服务的质量和效用。基于药品自身治病救人的产品属性，公众对药品的整体要求比较高，只有在配方和功能上有独特之处的产品才有可能在激烈的药品市场竞争中获得患者的认可。正如深入访谈中集团一位市场营销总监所说："与企业之前的业务环境不同的是，医药行业的外部行业环境对企业的产品和服务的要求更高。我们的药品是面向癌症患者的，对这样的消费群体来说，患者对于药品寄予的希望会更高。为了能够获得行业和患者的接受与认可我们必须付出更大的努力，一方面提高药品自身的功能和效用，另一方面要不断地对产品进行深入、广泛的宣传。"

上述企业的合法性门槛见表 3.2。

表3.2　合法性门槛

企业	行业	合法性门槛		
		规制	规范	认知
阿里巴巴集团	新兴	国家并没有关于互联网金融业务的相关法律规定，只是依据传统金融业务来要求	新业务行业是由阿里巴巴集团首创的，新的行业缺少相关的行业规范	公众缺乏对互联网金融方面的认识，但由于对自身十分有利而迅速认可
海尔集团	新兴	对于物联网这一新兴行业，国家的相关法律法规涉及很少，因此企业很少遇到这方面障碍	新行业的社会规范尚未建立，大部分还是借鉴国外的价值体系和行业认证标准	物联网的数字生活概念处于发展初期，公众特别是年轻一代很愿意接受这样的全新体验
云南白药集团	传统	国家对日化行业相关的法律规定比较完善、细致，企业按照传统的牙膏产品品类进入该行业十分困难		日化行业和公众生活息息相关，国内市场对国外品牌的认可度比较高，国内品牌想进入十分困难
吉林神华集团	传统	医药行业的法律规定十分严格，政府的管控也比较严格	行业的认证标准非常高，社会的价值体系对于药品的要求也比较高	只有在配方和功能上有独特之处的产品才能在激烈竞争中获得外界的认可

2. 内部资源配置障碍

我们的研究数据显示，当公司跨界创业新业务与原有的业务高相关时，企业内部资源配置遇到的障碍比较小，阿里巴巴集团跨界互联网金融很好地体现了这样的特点。正如阿里巴巴集团的一位高管所说："我们的余额宝最初正是为了解决电商环节用户对沉淀资金的质疑问题，所以电商业务的相关负责人员很愿意将其用户分享给我们，这样我们就可以很容易地解决渠道问题，推广我们的金融业务。更为重要的是，我们很轻松地使用了电商业务单元成功的管理经验和先进的经营理念，合理有效地使优势资源渗透到新业务中。"

云南白药集团跨界日化行业做云南白药牙膏也很好地说明了这样的特点，当企业的跨界活动与原有业务相关程度比较高时，企业所要面临的内部资源配置障碍就会比较小。企业做的是加入了白药成分的牙膏，因此在进行新产品研发时，原有制药业务单元的技术人员很自然地调入了新事业单元。企业无须另行寻找关键药物配方的技术人员，提升了技术人员的配置效率。集团的领导对新事业单元非常重视，迅速调用了企业内部资金进行研发和市场推广工作。更为重要的是，云南白药牙膏可以共享原有的技术设备，最初的营销渠道也来源于完善的药店营销体系，所以在调用内部资源的过程中企业并没有遇到太大的障碍。

而当企业跨界业务与原有业务相关程度比较低时，企业很难更多地共享内部资本市场来开展新业务，在资源配置方面遇到的障碍会比较高。海尔集团跨界智慧生活操作系统，进军物联网领域就是个典型的例子。海尔集团有关负责人表示，

U+智慧生活操作系统生态圈建设，需要融合大数据、云计算、建材、家居和食品等各方面的管理和技术人才，单靠一个产品或者一家企业的力量很难构筑智能化世界。在资本方面，单靠海尔集团自身的资本很难全面迅速地推进智慧生活系统，需要引进外部资本或与之进行合作共同推进。同样地，在新事业所需要的物质资源方面，实现智慧生活系统的各种软硬件设备，如智能路由与模块集成、通信互联的标准和协议等很难由海尔集团单独研发完成。因此，对于海尔集团跨界智慧家居并逐步迈入万物互联业务，企业面临的人力、资本、物质和技术方面的资源配置障碍比较大，企业需要采取更为积极主动的资源配置战略来应对这样的问题。

吉林神华集团跨界医药行业在内部资源的配置方面也面临着海尔集团类似的问题。医药行业是一个对产品技术要求非常高的行业，而企业原有的业务与医药行业毫不相关。企业没有相关的技术人员和营销人员，对医药企业的管理也缺乏有经验的管理者。在物质资源方面也是如此，企业原来的业务是汽车 4S（sale、sparepart、service、survey，整车销售、零配件、售后服务、信息反馈）店，没有任何可以支撑医药业务的基础设施，营销渠道与原有业务也毫无关系且很难共享。更为重要的是，对于医药行业来说，选择一个独特的产品和配方是迅速打开市场的关键，只能从企业外部搜寻适合的投资项目。企业收购了一个因经营不善濒临破产但是有着优良配方的医药企业，运用它的配方优势打开了医药行业的市场。当然，企业在资金方面的储备还是十分充足的，没有面临大的资源配置障碍。各企业的资源配置障碍见表 3.3。

表3.3　资源配置障碍

企业名称	业务关联	资源配置障碍			
		人力	资金	物质	技术
原理		管理者、营销人员等越容易依靠企业内部市场的，说明配置障碍越小	企业更主要依靠自身资金的，说明配置障碍小	相关设备、基础设施等因素能够使用企业原有的，说明配置障碍小	相关技术知识、经验等因素能够使用企业原有的，说明配置障碍小
阿里巴巴集团	高相关	企业很容易使用内部的专业技术人员；电商业务管理者调入金融业务单元；最初的用户来源就是电商业务的用户	电商业务很愿意企业帮助解决买方用户的预存资金问题	很自然地共享了原有电商业务的平台，进行余额宝业务的推广	电商业务管理者的调入，使得原有的管理经验和经营理念轻松融入余额宝业务中
云南白药集团	高相关	因为需要添加白药成分，白药牙膏的核心研发人员能够很轻松地与原有制药业务单元分享	企业能够迅速调动大量自有资金开展新业务	白药牙膏的推广，很容易使用原有的药店渠道，随后才逐渐扩展到超市、商场	

续表

企业名称	业务关联	资源配置障碍			
		人力	资金	物质	技术
海尔集团	低相关	U+智慧生活操作系统生态圈建设，很难依靠海尔集团自身的技术人员和管理人员完成，它需要融合大数据、云计算、建材、家居和食品等各方面人才	单靠海尔集团自身的资本很难全面迅速推进智慧生活系统，需要引进或与外部资本进行合作共同推进	实现智慧生活系统的各种软硬件设备，如智能路由与模块集成、通信互联的标准和协议等很难由海尔集团单独研发完成	在大数据、云计算等新技术方面，海尔集团的自身研发能力很难全面支持新业务的开展
吉林神华集团	低相关	医药行业是一个对产品技术要求非常高的行业，企业没有相关的技术人员；对于医药企业的管理也缺乏有经验的管理者	企业自身的资金是十分充足的	企业原来的业务是汽车的 4S 店，没有任何可以支撑医药业务的基础设施；营销渠道与原有业务也毫无关系且很难共享	做医药行业最重要的技术配方，企业只能重新寻找

3.3.2　公司跨界创业的合法化战略选择

1. 跨入新兴行业的合法化战略选择

为了解决企业外部来自制度环境的压力，获得规范、规制和认知合法性，跨入新兴行业的企业主要选择创造战略进行应对。

1）阿里巴巴集团

样本企业阿里巴巴集团跨界互联网金融行业就将创造战略用到了极致，无论是作为最高管理者的马云还是各级管理人员都沿着这样的战略路线展开跨界新业务。在规制方面，2008 年、2009 年的时候余额宝的发展引起了政府监管部门的注意，央行、银监会出台了一些政策，限制阿里巴巴集团做线下 POS（point of sale，电子付款）机，只能和中国银联股份有限公司对接使用其 POS 机进行支付活动。虽然这是企业不愿意看到的，但还是依据此规定没按照原定的方式做自己的支付硬件，而采取了和天弘基金管理有限公司合作使用网络支付方式。恰恰是这样的支付方式，开启了互联网金融行业的开端。

2015 年，政府出台了限制互联网金融行业相关的第三方转账额度的规定，尽管会给新业务带来一定的影响但是也促使政府开始规制新兴行业。正如一篇媒体报道中指出的："政府为了对高速发展的互联网金融业务进行必要的监管，降低用户的交易额度以控制交易风险，规定第三方一次转账额度不能超过 5000 元。这在一定程度上必然会给诸如阿里的余额宝等互联网金融业务的发展带来限制，影响其便利性和实用性。但从另一个角度来说，政府规定的出台也表明了互联网金融这一新兴的金融类别开始纳入正式规制范畴。从长远意义来说，对整体新兴行业的发展意义非凡。”为了获得政府相关部门的支持，从企业的最高领导者到具体互联网金融业务的负责人，都积极地和政府相关部门建立联系。中国共产党中央委员会组织部邀请马云去讲课，他重点介绍互联网金融乃至整个阿里巴巴集团如何把客户的利益放在第一位，使国家最高权力机关对互联网金融业务有一个全面的认知和了解。

另外，阿里巴巴集团会聘请一些原来在政府职能部门工作的行政管理人员做咨询顾问，或者直接聘任他们到企业来推广跨界新业务。通过这些人员先前积累的关系网络，快速有效地取得了新业务开展所需要的相关职能部门的支持和认可。集团的金融业务公司——蚂蚁金融服务集团一直都积极配合监管，一位负责金融安全的技术人员指出，企业给予他们的理念是“拥抱监管”。在不触动互联网业务经营模式和根本利益的前提下，让外界市场因素中的大多数受众了解并支持其跨界活动。

在开展互联网金融业务的时候，以余额宝为代表的产品受到了政府相关职能部门的质疑和管制，为了解决这方面的障碍，阿里巴巴集团主动和相关的金融职能部门沟通，介绍余额宝的实际情况，以消除他们的顾虑。金融业务单元每年都会和银监会、银行等开一个茶话会，邀请金融方面的专家、相关学者和领导来参加活动并进行面对面的沟通交流，集团高层领导和业务方面的主管人员会对相关质疑进行回答和解释。正如一位金融行业的知名学者所言：“我参加了蚂蚁金服 2015 年在北京召开的座谈会，看到阿里重点介绍了普惠金融的思想和理念。企业的相关人员回答了监管部门的各类问题，使他们对公司的金融业务有一个全面的认识，打消了他们的顾虑。我们参会的几个专家也在理论上对企业的做法进行了有关的点评，这样在理论上对企业的做法进行了指导。在会上得知，阿里还联合金融第一时间频道成立了阿里研究院，建立了阿里研究评论等 App[①]平台，重点介绍相关的政策、业务和发展战略。”

阿里研究院的成立，加快了制定互联网金融相关政策的步伐，很多时候甚至走在了政府职能部门的前面。随着自身影响力的不断加强，政府在制定相关政策时，已经开始参考阿里巴巴集团权威专家的意见，这样阿里巴巴集团的蚂蚁金融服务集团就能够在一定程度上参与到互联网金融政策的制定中。

在规范合法性方面，阿里巴巴集团跨界互联网金融业务也采取了创造战略。

① App 指应用程序。

在阿里巴巴集团最初考虑设立余额宝的时候，主要是想把用户对“利息”的需求变成现实，让用户可以拿到钱甚至拿到比银行利息更多的钱，将实惠让渡给用户。而新生的互联网金融行业不像传统金融行业有着明确的行业规范，并且阿里巴巴集团当时只有支付牌照没有金融业务牌照，只能找到具备金融资质的天弘基金管理有限公司。通过和天弘基金管理有限公司的合作，借助其金融资质创建了余额宝这样一个创新性的“基金项目”。借助原有电商业务的推广平台，迅速建立了这一新兴金融品类的整体价值理念和社会规范。

为了能够深入开展金融方面的业务，阿里巴巴集团一直在积极争取金融业务牌照，终于在 2014 年蚂蚁金融服务集团得到了期盼已久的金融业务牌照，为企业全面进军金融业务提供了资质保障。但遗憾的是，这样的牌照不具备设立金融账户的资格，因此不能够给用户提供金融账户相关的保障。正如一位银行的资深高级管理者指出的：“央行和银监会没有给阿里集团等做互联网金融业务的企业开设金融账户的资格，这完全是国家基于金融秩序和安全的整体考虑。当然，这样的规定本身会对互联网金融业务的发展带来一定的障碍和影响。但阿里也采取了一系列很有利的应对措施，如积极推动行业规范中相关法律条文认可余额宝账户可以等同为金融账户，在享受保护方面拥有同等的待遇。这样，就可以用曲线救国的方式解决用户的安全保障问题，确保其自身业务的良好发展。”

阿里巴巴集团跨界开展互联网金融业务在认知方面也主要采取了创造战略。在电商业务迅速发展起来之后，支付环节会出现业务比较集中的时刻，如电商进行促销或大范围“秒杀”活动时。此时用户通过银行系统转账时，突然激增的业务流量会使银行的支付系统瘫痪，出现支付困难而错过了支付时间。于是，阿里巴巴集团就希望用户可以提前将预付的资金转到支付宝账户上，等到活动开始可以直接转账确保支付成功。这样用户的大量资金就会在支付宝的支付平台上积聚起来，可越来越多的钱放入支付宝之后，用户就会质疑阿里巴巴集团将支付宝的资金存入银行自己吃利息。就像一位经常使用支付宝进行大额交易的用户所言：“我们当时把钱提前存入支付宝，有了一种受骗的感觉。如果放到银行还能有利息，可是在支付宝中让人家白白吃利息了。这对我们用户是一种巨大的欺骗和伤害，每天淘宝的交易量那么大，支付宝得积聚多少资金啊，他们也太黑了吧！”

事实上，阿里巴巴集团并没有想通过这样的方式赚钱，一位高管很无奈地说道：“只是为了解决由银行系统的转账难带来的用户支付问题，可是这样的解释很难说得清楚。为了解决用户的巨额沉淀资金引发的市场中愈演愈烈的认知问题，阿里就想出了建立余额宝这样的方式，不但可以让用户吃到利息，还可以拿到比银行更高的利息。”正是基于对用户利益的充分考量，余额宝这一互联网金融产品推出后，迅速获得了用户认可，出现仅一个月资金规模就达到了上千亿元，非常迅速地建立了公众对于互联网金融业务的正确认知。

阿里巴巴集团不但要解决用户的认知问题，而且积极应对迅速解决银行等竞争者的误解。随着余额宝业务的迅速扩大，很多国有银行会质疑余额宝对其业务造成冲击，于是给监管部门施加压力对余额宝业务进行限制。阿里巴巴集团通过和银行等利益相关者的深入沟通，阐述余额宝服务对于小微企业的产品定位，并不会对银行的大客户定位产生冲突，而是对市场业务的一种有益补充。这样就可以建立外界对互联网金融业务的正确理解，它只是依照传统的价值理念将利益转给用户，并未改变用户对于金融业务的传统价值观。

2）海尔集团

海尔集团跨入新兴的物联网领域进行智慧家居建设，为了获取合法性也主要选择了创造战略。在规制方面，有关政府职能部门对物联网行业相关的政策规定还比较少。在国家“十三五”规划中，鼓励企业全面推动物联网这一国家新兴战略产业的发展，但具体可行的规定和政策指导还屈指可数。海尔集团在开展这一新业务的过程中，通过与政府的相关职能部门积极主动的沟通，希望可以推进具体政策的制定，给新兴领域的发展提供法律保障。正如一位政府相关职能部门的负责人所说：“早在 2001 年，国家经贸委就着手推动成立数字家庭工作组，并选定海尔集团作为该工作组的组长。作为该项业务的主要引领者和执行者，海尔集团多年来一直积极主动地和政府职能部门建立有效的沟通机制，致力于积极推动相关法律法规的起草和制定工作。国家为了保障这一新兴领域的快速、有序发展，出台了一系列的政策规定。”

在获取规范合法性方面，海尔集团积极与苹果公司、华为等开展深度的战略合作，努力构建行业统一的通信互联标准与协议。2014 年 6 月 3 日，苹果公司在全球开发者大会上发布了智能家居应用系统，海尔集团成为唯一一家通过苹果公司官方认定的白色家电制造品牌。与苹果公司的合作，使海尔集团可以在行业规范和认证协议上与国际接轨，为全面推动国内智慧家居行业规范的制定提供支持和指导。正如苹果的一位合作伙伴指出的：“与海尔的合作开启了制造业企业与科技型企业合作的新篇章，通过这样的合作，苹果可以扩大在智能家居领域的国外市场版图，而对于海尔来说可以通过合作完善自身的智能家居生活系统。更为重要的是，海尔还可以借鉴苹果相对成熟的行业标准和协议规范创建中国智慧家电行业的行业标准和规范。”

此外，在国内海尔集团和华为建立了全方位的深度合作，在智能路由与模块集成、平台数据对接共享和智能功能终端交互等方面全面合作，华为的 Hi-Link 协议与海尔集团的 U+协议深度兼容，共同构建行业统一的通信互联协议与标准。正如华为消费者业务首席执行官余承东所说的那样：“华为是全球通信与信息解决方案的顶级供应商，芯片与通信方面的能力十分强大，通过与海尔的深度合作共同升级智能家居产业，全面迈向万物互联的智能化时代。在这样的过程中，构建统一的行业标准和规则是双方应当承担的行业责任，对于我们这样行业内领先的企业来说是义不容辞的。我们会通过构建强大的产业联盟，共同推动中国智能家居产业的健康有序发展。”

在认知合法性方面，海尔集团跨界智能家居产业主要选择了创造战略，努力创建消费者对这一新兴行业的认识和了解。在获取公众认知方面，海尔集团开始开放性地借助外部力量。海尔集团与苹果公司的合作，不仅使海尔集团在创建行业规范方面获得了巨大的成功，而且在获取国内消费者的接受和认可方面也起到了积极的推动作用。基于苹果公司在全球范围内巨大的用户市场，海尔集团在开展智能家居业务时与之合作，必然会将用户对苹果公司的支持和信任转移到对于海尔智慧家居业务的认可上来。与苹果公司的合作，将海尔集团的自主家居品牌形象提升到一个崭新的高度。正如一位 90 后“发烧友”所说：“我一直非常热衷于苹果的电子产品，苹果每推出一款新的产品类别，我都会争取第一时间尝试。在进行新家的装修时我尝试使用智能家居系统，听销售人员介绍海尔是苹果唯一的白色家电制造商，我就选择了使用海尔的智能系统。这首先当然基于我对海尔品质的信任，但更大程度上是由于海尔是苹果信任的合作伙伴。爱屋及乌吧，所以我也愿意尝试苹果选择的合作商。”

为了使智能技术的运用符合消费者的认知要求，海尔集团和掌握先进移动互联网技术、大数据和云计算技术的百度、华为和腾讯等国内最优质的科技型企业展开合作，使消费者能够对海尔集团在这方面的产品技术能力建立高度信任。事实证明，这一做法在实践中取得了非常好的市场反馈。用户对海尔集团智能家居的品牌形象普遍认可，成功地引领了用户在智慧生活方面的需求方向。海尔通过企业自身的品牌影响力和合作伙伴的市场影响力，创建了消费者对于智慧家居这一类产品的全新认知。

2. 跨入传统行业的合法化战略选择

当企业跨入的是传统行业时，主要会采取依从战略来获取规范、规制和认知方面的合法性，云南白药集团跨界进入日化行业就是一个典型的例子。云南白药集团在开展云南白药牙膏业务之初，进行了大规模的市场调查活动。有关人员经调查发现，日化行业中的牙膏市场相关的法律法规十分完备。因为这是和人体健康息息相关的日用产品，有些方面的规定和原来的医药行业的严格程度相似。因此，要想顺利地在这一领域开拓市场，企业就必须要严格依照相关的法律规定行事。对于云南白药集团这一医药行业具有很高品牌影响力的企业来说，一贯以来都严格依照法律行事的做法也延续到了新的云南白药牙膏经营活动中。

多年的药品经验表明，产品要想获得社会整体价值体系的接纳，必须要获得相应的行业认证。因此，在开展云南白药牙膏业务时，企业从新业务设立之初就严格遵从日化行业的认证标准，努力争取获得相关的行业认证资格。这样就很迅速地在新行业中迎合了行业规范的要求，融入新行业的社会价值体系之中。对于云南白药集团这样的药企而言，依照行业规范获取相关的行业认证并不是一件难事。因为医药行业对企业的认证标准更高，因此企业很容易能够依照原有的相关模式和经验来取得整体社会规范的认可。正如一位企业的高管所言："我们在社会规范要求那么高的医药行业都能够站稳脚跟，进入了新的日化行业也必将会依照原有的良好经营模式开展新业务。事实上，我们集团上至高层领导下到普通员工都有这样的意识，一定要严格依照相关的行业规范行事，遵从社会的整体价值体系，只有这样才能够迅速地融入新事业所在的市场环境中。只有得到了市场的认可，企业才有可能长足发展。"

在认知方面，企业更是依照公众对牙膏的传统认知要求，提升新产品质量。经过相关工作人员的前期调查，消费者对于牙膏的质量要求非常高。因为这是每天都要入口的、与公众健康息息相关的日用产品，所以国内的市场大部分被国外知名品牌占领，而国内传统的老牌牙膏也占据了相当的市场份额。因此，云南白药牙膏为了获取消费者的认可，积极宣扬企业是本着做药的品质要求在做牙膏。努力宣扬其产品的可靠性和质量水准，以便获得消费者的了解和支持。

另外，大量的市场调查表明，我国90%的成年人都有不同程度的口腔问题。现在人们的工作压力普遍较大，加上不良的饮食习惯导致大多数成年人都存在口腔溃疡、牙龈出血等方面的问题。而传统牙膏解决的大多数是牙齿的防蛀和清洁问题，清洁是牙膏的最基本功能，防蛀一般是儿童存在的口腔问题，成年人基本上会面临牙龈和口腔的综合问题。因此，解决口腔问题有着巨大的市场需求。为了迎合这样的市场需求，在清洁牙齿的同时解决相应的口腔问题，云南白药集团推出了这种云南白药牙膏。产品一经推出，迅速获得了消费者的认可。这一做法也非常符合日化行业的药妆理念，正如一位药妆品牌的负责人所说："云南白药集团推出的云南白药牙膏，很好地契合了当今日化行业嫁接医药产品的新趋势。这种复合型产品的推出，必将会受到广大消费者的支持和认可。因为在使用了这种牙膏清洁口腔的同时，能很好地解决成年人口腔的牙龈炎、牙周炎和口臭等多种口腔疾病。只要每天刷牙就能解决疾病，受到了消费者的大力追捧，这一做法在药妆方面也得到了很好的印证，必然会获得市场认可。"

吉林神华集团跨界医药行业在应对外部巨大的制度压力时，也采取了相对保守的依从战略来获取规范、规制和认知合法性。在规制方面，企业努力依照新行业的相关法律法规行事，尊重并接受相关政府职能部门的监管。企业的领导层对政府监管的认识一贯保持积极、配合的态度，通过监管使企业的产品质量和配套设施保持高效、良好的运转。企业不但没有把监管当成是一种负担，反而将它视为不断提升自我的推动力。“我们就是要通过有关部门的监督管理，使药企的每一位员工都有一种责任感和使命感，始终将产品和服务放在第一位，将为患者缓解痛苦作为第一要务。”企业的一位资深高管这样解读政府职能部门的监管机制。

在获取规范合法性方面，企业在做药业之初投入大量的人力、财力通过了具有国际标准的 GMP 认证，这是医药行业非常高的认证标准。该标准对企业的硬件配套设施和软件管理等方面都有严格的要求，当时吉林省内通过该认证标准的药品企业寥寥无几，在全国范围内能够达到该认证标准的企业也非常少。当然，为了达到这样的标准，企业要付出的精力和财力也是非常巨大的，但一旦通过之后企业的后续发展会非常顺利。正如一位业内同行所说：“在十五年前，当许多药企还处在类似小作坊式的脏乱差的生产状态下时，神华的长白山制药就颇具战略眼光地通过了具有国际标准的 GMP 认证，这一行业最高的认证标准使企业在重新投建之初就拥有了高水准的出身。使其在行业内的口碑迅速建立起来，因为能够投入巨资通过这一认证标准的企业为数不多。但从企业今天的发展态势来看，决策者的战略眼光是十分独到的。正是依照了高标准的行业认证体系，使得产品迅速被列入了国家医保行列，销售业绩节节攀升。”

在认知方面，企业也将依从战略用到了极致。与传统的抗癌类药物不同的是，康艾注射剂并不是直接针对癌细胞进行治疗。企业经过前期对大量医生和患者的调研之后发现，癌症患者在发病之后特别是在初期阶段，其身体上的病痛并没有明显的表现，而更多的问题是心理上的巨大压力导致的情绪低落和饮食不振。这些问题会导致患者身体的免疫力迅速降低，使病情进一步恶化。因此，新业务从患者最根本的饮食和情绪方面的需求出发调整配方，使服用该药品的患者能够提高食欲、缓解情绪进而提升自身的免疫力。这样就可以让患者在心情愉悦的情况下面对疾病，对病情的发展起到了非常重要的控制作用。三分病情七分心情，患者自身的调节尤为重要。正如一位运用该药品使很多患者病情得到有效控制的知名医生所指出的那样：“许多患者在使用了神华长白山药业的康艾注射液之后，普遍反映能够吃得好饭了，有了食欲之后人感觉也精神多了，心情也没那么焦躁不安了。不知不觉感觉自己的整体状态好了很多，经过一段时间的治疗之后，经检查癌细胞得到了有效的控制，甚至有的患者的病情还有了明显的好转。这种针剂的疗效更多的是针对病患的饮食和情绪方面的，对于癌症患者来说这才是他们最需要被关注和解决的地方。不得不说，企业的产品定位极大地迎合了患者的最本质需求，再加上优良的产品配方，能够受到患者的肯定也是情理之中的。”各企业的合法化战略选择见表 3.4。

表3.4　合法化战略选择

战略		新兴		传统	
企业名称		阿里巴巴集团	海尔集团	云南白药集团	吉林神华集团
依从战略	规制	央行、银监会出台了一些政策，限制阿里巴巴集团做线下的POS机，阿里巴巴集团就和天弘基金管理有限公司合作开展余额宝业务		严格按照日化行业的相关法律、法规行事，决不在这方面出问题	主动接受政府医药相关部门的监管
	规范			遵从日化行业的认证标准，努力获得认证资质	按照医药行业社会规范，努力做质量最好的抗癌中药；提高药品质量，获得医药行业的GMP认证，并进入医保药品行列
	认知			按照公众对牙膏的传统认知，迎合了治疗口腔疾病的新功能	根据癌症患者对于饮食和精神状态的特殊需求，运用保健品的产品理念提高患者食欲，调节心情进而提高自身的免疫力
创造战略	规制	研究人员制定互联网金融相关政策；积极推动政府制定法规，2015年政府出台第三方转账额度规定	积极推动有关部门制定智慧家居相关的法律法规和政策		
	规范	积极创建互联网金融的行业规范；努力争取开展银行业务的资格，在2014年终于拿到金融业务牌照	通过与苹果公司、华为的战略合作，共同构建行业统一的通信互联标准与协议		
	认知	一再强调阿里的互联网金融业务和国有银行的业务并不冲突，其主要为银行很少涉及的小微用户资金业务	海尔集团成为苹果公司全球唯一官方认可的白色家电品牌，借助苹果公司品牌影响力迅速获得消费者认可		

3.3.3　公司跨界创业的资源配置战略选择

1. 跨界业务与原有业务高相关

我们的数据研究表明，当公司跨界创业的新业务与原有业务相关程度较高时，会选择利用战略应对资源配置障碍。在我们研究的企业中，阿里巴巴集团跨界互联网金融业务就是一个很好的例子。

1）阿里巴巴集团

为了能够将阿里巴巴集团原有的先进的管理经验和经营理念应用到新的金融业务中，马云将彭蕾调到金融业务单元，由她全面负责新业务的开展和推广工作。彭蕾在原有业务的管理过程中，秉承阿里巴巴集团的核心文化价值观，积累了丰富的管理经验。

伴随着她的接任，互联网金融业务必然会借鉴原有电商业务相关的管理模式。正如从金融业务开展之初就一直在蚂蚁金融服务集团的一位中层管理者感受到的："彭总的到来，很好地秉承了阿里从电商业务创建之初就一直保持的文化理念和核心价值观。原来很多好的管理经验和做法也体现在新的金融业务中，当然是建立在能够共同互用的基础之上，而不是简单的照搬、照抄。这样批判式的继承模式，使我们在开展金融业务的时候少走了很多弯路，极大地提升了企业资源的利用效率。"

阿里巴巴集团跨界互联网金融业务，并不是去做传统的金融业务，而是基于互联网电商业务的金融形式。因此，在做余额宝业务之初，使用的大部分是原有支付宝业务中的技术人员和设备。主要由这些技术人员来进行新业务的技术开发和拓展工作，因为他们懂得网络支付技术。当然，企业也希望聘请到既懂得线下的金融业务，又能够对互联网有很深刻理解和认识的"跨界人"。但是如果这样的管理者或团队成员无法用互联网思维去做金融业务，那么必然会面临淘汰。阿里巴巴集团的资深人力资源主管这样说道："为了能够顺利地开展金融业务，我们从银行高薪聘请了管理人员，有的原来甚至做到了分行行长的职务。但遗憾的是，有的管理者很难转变原有的管理思路，还是希望用做传统银行的方式来管理互联网金融业务。我们对此只能表示遗憾，辞退了一些相关的技术或管理人员。因为我们需要的是高度契合互联网方式的金融人员，如果外聘者不能够融入，那我们更倾向内部培养。"

在市场因素方面，阿里巴巴集团跨界金融行业最初做余额宝的时候，很好地利用了原有电商业务积累的 3 亿多网络用户。余额宝业务创建的初衷就是要解决原有电商用户的支付带来的沉淀资金问题，因此它的用户自然成了余额宝业务最初的服务对象。阿里巴巴集团电商业务的高层管理者这样评价余额宝业务：“我们电商业务前期的用户群为余额宝业务的开展提供了巨大的用户群体，正是从这些用户的实际需求出发，将他们的利益作为开拓新业务考虑的首要因素，余额宝才能得到迅速的发展。当然，余额宝业务的有效开展，也在很大程度上为电商服务提供了强有力的保障，做到了两个业务单元的共赢。”

诚然，任何业务的开展都离不开有效的宣传营销，余额宝业务也不例外。他们利用电商的营销平台展开宣传，在淘宝界面上投放大量宣传广告，并通过买家的口碑效应迅速获取用户的信任。电商平台快速、巨大的宣传效果给余额宝的产品推广带来了意想不到的营销效果。在宣传内容上，重点突出了余额宝的获利性、灵活性和便捷性的特点。既可以像活期存款一样随用随取，还可以得到比银行活期利息更高的收益，并且可以不用去实体网点而能直接在网上操作。随后，阿里巴巴集团还推出了以保本为主的活期和定期的招财宝等多种金融产品，并把基金、众筹和 P2P（peer-to-peer，个人对个人）业务结合起来，更好地服务于中小用户。

另外，蚂蚁金融服务集团还利用电商业务解决了用户受欺诈的技术问题。他们为电商业务做了一个保险担保，这样就可以避免交易过程中的欺诈行为，保障电商业务的顺利开展。尽管出于对资金交易数据的保护不能为电商业务提供相关的金融信息，但可以通过对相关数据分析的方式来规避交易风险，提高交易质量。同时蚂蚁金融服务集团会为电商业务提供安全控制措施，加强对支付环节的监督和管控。

由于政府对互联网金融这一新生金融品类的认可还要经过一段时间，为了解决金融业务的资质问题，阿里巴巴集团采取了与天弘基金管理有限公司合作的方式，迅速展开新业务。在获取了一定的市场影响力、获得公众广泛认可的情况下取得了政府的金融资质。

2）云南白药集团

云南白药集团跨界日化行业推广云南白药牙膏也很好地选择了资源配置的利用战略。在人力方面，云南白药集团在 2005 年创立了健康产业事业部，将集团原有的高层管理者调入该事业部负责云南白药牙膏的研发推广工作。正如当时的集团董事长所说：“未来集团的发展要稳中央、突两翼，云南白药牙膏就是其中一翼。国外药妆的陆续引入，给国内药妆市场带来了新的生机，这也给药品与化妆品、日用品的结合带来了无限的可能。所以集团高度重视这一业务板块的发展，将选调原有业务单元中有经验的管理者来负责新事业的发展工作。”

除了各级管理人员，新业务的技术研发工作也以原有的企业技术人员为主，聘任了一小部分在牙膏企业有经验的技术人员开展新产品的研发工作。因为企业要做的是药用牙膏，研发的重点任务是将原有白药独特的配方优势，运用到可以解决口腔疾病的牙膏中去。所以药物特性是重中之重，因此企业更多地依赖原有的技术人员进行新产品开发工作。自然企业原有的独特白药配方这一国家政府经济知识产权的专利，也充分地运用到了云南白药牙膏这一新产品之中。这样一来，凭借独享的政府资源优势，使药用牙膏这一跨界创新产品可以独霸市场，没有其他牙膏可以冠用此名。

另外，在最初进行业务推广时，云南白药集团并没有等待渠道的缓慢建设，而是利用原有的药物营销团队成员从有着深厚基础的药店入手，让消费者可以在药店中购买到新产品。一位某知名品牌连锁药店的负责人这样说道："云南白药牙膏最初是由云南白药集团的药品营销人员推广到我们药店中来的，我们以为它会和保健品一样以在药店经营为主。没想到在药店取得一定的市场份额之后，云南白药集团又将该产品迅速推广到超市、商场等一般日用品的分销渠道。当然，企业的这种做法取得了巨大的成功。云南白药牙膏很快地占领了牙膏市场，销售份额逐年增长，取得了很好的经济效益和品牌影响力。不得不承认，这一新品类的诞生，给云南白药这一百年老店带来了新的生机。"

在营销策略上，云南白药集团也很好地借鉴了企业原来成功的营销经验。在 2005 年创立云南白药牙膏时，网络传播媒介还远没有现在这样发达，报纸等平面广告还占据着重要的宣传地位。为了使消费者能够深入了解牙膏的综合保健功能，企业开展了一系列的深度游说和科普教育。在宣传内容上，采用了介绍性新闻式广告的"软文战术"。通过新闻炒作诞生背景营造发现感、症状出发对号入座、持续造势以营造热销感和节庆流行号召送礼四轮宣传攻势，迅速打开了市场。在宣传过程中，企业很好地借助了原有品牌的影响力。正如集团董事长王明辉所说的那样："云南白药牙膏在产品策略和渠道策略等方面都很好地借用了云南白药这一百年老字号的品牌效应，通过讲述与原有品牌一致性的故事开展跨界创业新业务。在产品策略方面，我们提出要像研发药品一样研制牙膏，像生产药品一样生产牙膏。在营销渠道方面采取了先医药渠道后日化渠道、抓优势促发展的营销策略，迅速拓展云南白药牙膏新业务。"

2. 跨界业务与原有业务低相关

我们的研究数据显示，当公司跨界创业的新业务与原有业务的相关程度比较低时，企业配置资源更倾向选择探索战略。随着业务相关程度的降低，企业很难在内部共享开展新业务所需要的各类资源。为了推动新事业的发展，企业必须要探索新的资源。此时，企业会采取收购或者合作的方式积极探索来自企业外部的人力、资金、物质和技术资源。

1）海尔集团

海尔集团跨界物联网产业开展智能家居业务，就是一个非常有力的证明。在人力方面，集团引进了许多在互联网技术方面有着丰富管理经验的优秀管理人员推进 U+智慧生活操作系统生态圈建设。由于新业务需要用新兴的互联网思维和技术来推进，这与企业原有的制造业的思维方式和技术有着本质的区别。为了能够契合新业务的全新需求，集团雇用了在科技型企业中有着丰富管理经验的人员来管理集团的智能家居业务。这些管理者将高科技企业以用户为中心、以消费者需求为根本出发点的经营模式带到海尔集团智能家居新业务中，运用全新的经营和管理理念来指导新业务单元的实践活动。正如一名新应聘到海尔集团智慧家居新业务单元的高层管理者讲述的："在和企业人力资源部门的高级主管接触的过程中，我感受到了海尔对科技型企业管理理念和经验的极大需求。我在原来的互联网企业有近六年的高层管理经验，对于如何以用户的需求为中心、建立良好的用户沟通和体验机制有着丰富的经验。这是海尔希望我过来开拓新事业的最重要原因，当然我也非常希望能够将我多年的工作经验创造性地运用到海尔的智慧家居业务中。同所有的新同事一起，共同将集团的智慧家居业务推向一个崭新的高度。"

海尔集团不仅雇用了具有管理经验的高级管理者，还聘用了一批掌握着大数据、云计算技能的技术人员。这些技术人员的到来，迅速地解决了智慧家居业务所需要的软件开发和数据处理技术问题。更为重要的是，在他们的带动下企业原有的技术人员也开始运用互联网思维模式来处理技术问题，建立与用户之间良好的沟通和互动，更多地倾听用户的心声，努力解决用户需要的各种功能体验问题。海尔集团智能冰箱模块小微主朱某表示："新产品的诞生在开发、生产和销售服务环节对原有的模式进行了彻底的颠覆，以前只是用简单的用户调研来推断需求，所以很多时候产品一上市就会得到用户的吐槽。现在不一样了，我们在最初的设计环节就开始和用户建立互动关系，利用微博、微信和百度贴吧等与用户群体进行沟通交流，掌握用户的痛点需求。每一个环节都按用户的需求来展开设计，这样就可以真正地满足用户的各种体验要求，用户的反馈非常好。"

在跨界开展智慧家居新业务的资金方面，除了运用企业自身的资金以外，还通过合作的方式引进了华为和恒大集团等企业的资金。在海尔集团与恒大集团的协议中拟定，在2015~2017年战略合作资金总体规模高达300亿元。

在物质方面，海尔集团在跨界智慧家居领域通过与华为合作的方式，在智能路由与模块等硬件方面，实现了深度兼容，完成了双方在最底层硬件的对接。另外，海尔集团智能家居新业务还共享华为的营销渠道，华为的电商平台也对海尔集团的智能家居系统进行推荐与销售。在与恒大集团的合作中，海尔集团成为恒大集团材料设备的主要供应商，海尔集团智慧家居成为恒大集团用户装饰工程施工的承包方，分享其物质资源。

海尔集团的智慧家居业务在技术方面将资源配置的探索战略运用的最为突出。业内有关专业人士指出，在新兴的智能产业，仅仅依靠企业自身的技术力量进行市场开拓必将错失先机，跨界合作才是企业开展智慧家居业务的明智选择。海尔集团更是深谙此道，与国内外的科技型企业在技术方面展开了全方位的深度合作。通过与国外企业苹果公司的技术合作，海尔集团融入了苹果公司的HomeKit

平台，结合无形的联盟协议共享苹果公司的技术标准。通过与国内华为的技术合作，共享华为的技术积累。正如海尔集团轮值总裁梁海山所指出的那样："华为与海尔的合作，是我们为消费者打造一站式智能家居解决方案的开始。华为不仅在智能终端、智能路由器和通信模块领域有着深厚的技术积累，更拥有目前世界上最轻量级的物联网操作系统 LiteOS，具备零配置、自组网、跨平台的能力。这是打通行业标准的基础，也是海尔期待的智能家居互联。凭借海尔在传统家电领域的龙头地位和智能家电领域的深厚经验，以及华为在通信连接整体解决方案和技术上的领先优势，海尔 U+智慧生活操作系统产业联盟相信，通过双方跨领域深层次的战略合作，将构建更加安全可靠、简单易用、智能互动的智能家居整体解决方案，为用户提供更好的智能家居体验，实现更大的商业价值。"

2）吉林神华集团

吉林神华集团跨界医药行业面临的内部资源配置方面的障碍主要来自人力、物质和技术方面，资金方面由于前期汽车业务的大量资金积累使得企业可以依靠自有资金来开展新的医药业务，所以在资金的配置方面企业主要采用了利用战略。而在人力、物质和技术方面，企业无法利用原有业务单元的相关资源，就采用了探索战略收购了一家医药企业来配置这些方面的资源。在人力资源的配置方面，企业保留了收购药厂的核心技术骨干，以这些技术骨干为依托聘用了一些相关的技术人员进行抗癌新药的研发。另外，在医药新业务单元的管理方面，集团只派出了一名总经理和一名财务总监，其余的所有管理者一部分是原医药企业有经验的管理者，还有一部分是新聘任的其他企业的资深管理人员。对于医药行业，除了选择好的配方产品之外，营销环节也十分重要。集团由董事长亲自挂帅，组建了一支新的营销团队，在全国范围内开展新药的营销推广工作。营销团队的成员一小部分是原医药企业的营销人员，更多的是高薪聘任的其他医药企业的销售业绩良好的营销人员来负责最初的市场业务拓展工作。

在物质资源配置方面，通过收购方式保留原医药企业部分可继续使用的生产设备，为了能够达到更高的国际化标准，企业大量采购了国外的新设备。在营销渠道方面，收购企业的营销渠道基本不能使用，医药新业务单元在董事长的推动下聘任了一批优秀的营销人员来开辟新的营销渠道。随着本地及东北地区营销渠道的逐步打开，企业吸引了更多优秀的营销成员进一步打开了全国的医药市场。

对于技术资源的配置，企业也是通过收购的原制药企业引入了抗癌药的配方专利，这也是企业开拓医药市场最为核心的部分。对于一个医药企业而言，选择一个好的配方产品是企业生存和发展的致命法宝。企业开拓新的医药市场，在原有配方的基础上又引进了一些新的专业技术知识，对新产品进行了进一步的研发，使新产品能够更好地符合患者对抗癌类药物的最根本需求。技术方面的探索和创新，成为企业在竞争异常激烈的医药行业迅速占有一席之地的重要途径。在管理经验方面，企业也没有过多地将原有的管理模式和运营经验应用到新的制药业务之中，而是更多地依靠了外部优秀的管理经验和经营理念。由于没有在医药行业的经营经验，新业务很善于借鉴其他成功企业推广新药品时的经验，将其他企业好的做法和推广模式巧妙地运用到新业务的市场开发工作中。“巧借外力”是医药新业务工作开展的重要特点，企业还成立了决策规划小组专门分析国内外医药行业的成功案例，并聘任营销专家做咨询顾问，对新药品的业务拓展工作做有针对性的技术指导。各企业的资源配置战略选择见表 3.5。

表3.5　资源配置战略选择

业务相关		高相关		低相关	
企业名称		阿里巴巴集团	云南白药集团	海尔集团	吉林神华集团
利用战略	人力	马云将原来电商业务的彭蕾调任金融业务负责人；涉及金融业务部分，雇佣人员要按照互联网的思维去做金融	新业务板块的主要管理人员都是从原有的事业部门调任的；借助了医药部门的营销人员将白药牙膏首先推广到药店		
	资金	阿里巴巴集团主要使用自身的自有资金开展跨界金融业务	主要依靠自身的资金设立了白药牙膏的新业务单元		资金基本上使用企业的自有资金
	物质	集团统一调配，在原有的电商平台进行新业务的营销推广	利用了很多企业原有的技术设备来开发新产品；最初的市场推广使用的就是药品的营销渠道		
	技术	新业务的开展主要依托原有的技术；将原有业务的管理经验和方法运用到金融业务中	像研发药品一样研制牙膏，像生产药品一样生产牙膏		
探索战略	人力			集团引进了许多在互联网技术方面有着丰富管理经验的管理者；雇用大量计算机技术、网络技术和控制技术方面的专业人员	通过收购的方式引入药企的核心技术人员和管理人员；聘任新的营销人员组建新的营销团队
	资金			通过合作方式，引入大量外部资本进行智慧生活系统的生态圈建设	
	物质			通过与华为等企业展开深度合作，在智能路由与模块集成、营销渠道及市场推广等方面进行共享与共建	通过收购的方式保留原有药企部分可继续使用的生产设备，大量采购了新的设备；董事长亲自带队开辟新的营销渠道
	技术	和具有金融资质的天弘基金管理有限公司合作，开展余额宝业务		在大数据云计算方面，与阿里巴巴集团、腾讯等企业展开技术合作	通过收购的方式引入抗癌注射用药剂的专利

3.4　公司跨界创业战略选择的整体研究模型

3.4.1　公司跨界创业战略选择的研究假设

我们分析了公司跨界创业面临的内外部挑战情况，以及企业为了应对这些挑战进行的战略选择。在这些分析中包含了如下命题。

假设 1：相较于跨入新兴行业，跨入传统行业的公司跨界创业面临的来自组织外部的合法性门槛比较高。

当公司跨界创业进入传统行业时，行业的规范、规制和认知（Scott，1995）方面的完善程度比较高，各种利益相关者对于各项制度因素已经形成了相对一致的认识。公司进入这样的行业面临的制度压力比较大，跨界创业活动要得到规范、规制和认知方面的认可就比较困难。而新兴行业则明显不同，由于行业是新生市场，很少涉及政府职能部门的法律法规（Aldrich and Fiol，1994），而整体社会价值体系尚未建立，人们对于新产品或服务也没有形成广泛的认同范式，更多的是新生状态的“初级制度”（Lawrence et al.，2002）。公司进入这样的行业进行跨界创业活动时受到制度各因素的束缚比较小，很容易获得接受和认可。因此，当公司跨界创业进入传统行业时，面临的合法性门槛比较高，而跨入新兴行业时合法性门槛比较低。

假设 2：相较于业务高相关跨界，低相关跨界的公司跨界创业面临的来自组织内部的资源配置障碍比较大。

资源基础观理论认为，企业自身的资源和运用资源的能力决定着公司跨界创业的形式。企业能够对自身的资源进行合理的配置、整合与利用是跨界创业取得成功、获取可持续竞争优势的关键（Barney，2001）。而根据内部资本交易理论，企业在跨界创业的过程中，如果能够更多地共享、调动内部资源，其交易成本会比进行外部交易的成本低，资源配置的效率会更高（Goes and Park，1997）。因此，当公司跨界创业的新业务与原有业务相关程度比较高时，企业就会利用协调机制积极推动跨界新事业更多地共享和利用企业内部的各类资源（Porter，1991；Barney，2002），相应地，面临的资源配置的障碍就比较小。而随着业务相关程度的降低，企业跨界创业的新业务很难从企业的内部资源中调取所需要的人力、资金、物质等方面的资源（Nayyar，1992），其面临的资源配置的障碍就会比较大。

假设 3：相较于跨入新兴行业，跨入传统行业的公司跨界创业更倾向选择合法化的依从战略。

假设 4：相较于跨入传统行业，跨入新兴行业的公司跨界创业更倾向选择合法化的创造战略。

当公司跨界创业进入传统行业时，企业面临着来自规制、规范和认知方面的制度压力会比较大（Scott，1995），相应的合法性门槛也会比较高。而企业要跨越高合法性门槛进行创业活动，会选择相对被动的应对策略来迎合这种高的制度压力（Child，1972），改变自己服从环境而获取新业务活动的合法性（Suchman，1995）。依从战略就是企业使自身的经营行为和外部制度要求相一致的策略，这样就可以得到各方面利益相关者的接受和认可。在规制方面，依从战略主要表现为依照现有的法律法规行事，接受相关政府职能部门的监管（路连芳和汤明，2007）；在规范方面，依从战略需要企业了解并尊重行业的价值观和社会规范，依照新行业的标准展开创业活动并努力寻求权威部门的认证，积极加入所进入行业的行业协会；在认知方面，依从战略则表现为企业要了解并熟悉新行业消费者的喜好，并努力使其产品符合消费者的喜好，同时企业能够尊重并接受当地媒体的监督（Ashforth and Gibbs，1990；Dowling and Pfeffer，1975）。

而当公司跨界创业进入的是新兴行业时，现有的制度环境中和企业的经营活动相匹配的规制、规范和认知等基础比较薄弱（Zimmerman and Zeitz，2002），所以任何合理的行为、方式都有可能被外部环境接受。企业此时需要通过自身的实践行为去建立新的模式、信仰和认知，运用创造性的战略来开展跨界创业活动以获取自身的合法性（Lu and Xu，2006）。创造战略就是要建立新的法律法规、社会规范和认知基础，从而获取跨界创业活动所需要的各方面利益相关者的支持与接受。在规制方面，创造战略主要表现为企业积极地联合行业内的其他企业建立新的法律法规，必要时聘任政府官员作为新业务的咨询顾问，积极与政府相关职能部门取得联系，深入宣传跨界创业业务（Lounsbury and Glynn，2001；Navis and Glynn，2011）；在规范方面，创造战略需要企业与新行业内的其他企业联合起来建立行业规范和价值体系（李玉刚和杜俊，2008），采用密集的广告对新业务进行深入的宣传；在认知方面，创造战略表现为企业会通过讲述创业故事来引导消费者的新需求，另外企业还会将新产品和其他行业内具有良好口碑的产品进行类比，进而取得消费者的信任和接受。

假设 5：相较于业务低相关的跨界创业，高相关的公司跨界创业更倾向选择资源配置的利用战略。

假设 6：相较于业务高相关的跨界创业，低相关的公司跨界创业更倾向选择资源配置战略的探索战略。

当公司跨界创业的新业务与企业原有业务的相关程度比较高时，企业就可以与原有业务建立有形或者无形的关联。关联的建立是企业开展跨界创业业务、有效利用资源的最佳途径，新事业就是要善于利用这些关联来获取创业活动所需要的各类资源。资源配置的利用战略就是通过共享企业原有的人力、资金、物质和技术资源来实现关联，企业要从整体利益角度出发通过激励机制等方式协调调配各类资源。通过利用战略，跨界新业务单元能够共享企业的各种有形资源（邓学军和夏洪胜，2006），同时可以将专有知识、经验等无形资源运用到新事业中。

而当公司跨界创业的新业务与企业原有业务的相关程度比较低时，企业就很难与原有业务单元建立关联。此时，为了获取开展新事业所需要的各类资源，企业只能主动地寻求新资源（Kochhar and Hitt，1998）。资源配置的探索战略就是企业通过收购或者合作的方式，引进新的管理、技术和营销人员，积极寻求合作伙伴，吸收合作者的投资，善于利用外部合作者的硬件、营销渠道开展新事业（Dacin et al.，2007）。通过探索战略，企业可以在内部配置资源受到限制的情况下另辟蹊径，创造性地获取新事业所需要的资源。

更为有趣的是，我们的研究还为企业如何应对跨界创业活动的内外部挑战提供了一个整体的视角，企业会选择外部合法化战略和内部资源配置战略组合来应对内外部挑战。当企业跨入不同类型的行业面临着不同的外部合法性门槛、进行业务相关程度不同的跨界创业活动面临不同的内部资源配置障碍时，选择恰当的战略组合会使企业在开展跨界创业活动中获得较高的绩效结果。公司跨界创业的内外部战略组合主要有稳妥型、渐进型、积极型和突破型四种，企业应根据不同的合法性门槛和资源配置障碍进行战略组合的选择。

稳妥型战略组合要求企业尽可能地规避跨界新业务面临的内外部风险，以保证新业务的生存和发展。实施该战略组合的公司跨界创业活动，对外要顺从和迎合现有的规范、规制和认知等制度因素的要求（Kostova，1997），而不是去积极地影响或者建立新的制度。企业感知到的外部制度压力较大时，企业在创造或改变外部环境的认知方面明显会信心不足，为了获取外部的合法性，企业只能采取顺从和迎合的战略应对（Xu and Pan，2004）。在内部资源的配置战略方面，企业主要依赖自身的各种资源来服务于跨界新业务，最大限度地利用内部资本市场来配置所需资源。这种战略组合是四种组合中最为被动和保守的一类，当然承担的风险相对也是最低的。公司跨界创业采取的“依从+利用”模式就是一种稳妥型战略组合。

云南白药集团跨界日化行业做云南白药牙膏就是采取稳妥型战略组合的样本。在外部合法化战略方面，云南白药集团严格按照日化行业的相关法律法规行事，努力遵守新行业的行业规范和认证标准，获得了相关认证资格；另外，跨界新业务在遵循了消费者对牙膏清洁口腔功能的传统认知基础上，还迎合了能够同时治疗口腔疾病的新需求。而在内部资源配置战略方面，跨界新业务板块的主要管理人员和技术人员都是从原有业务单元调任的，营销人员最初使用的也大多是医药部门的员工；跨界新业务主要运用企业自身的资金展开，企业并没有引入新的资金；更为重要的是企业将独特的白药配方运用到了新产品之中，在经营过程中也秉承“要像研发药品一样研制牙膏，像生产药品一样生产牙膏”的经营理念。

云南白药牙膏的崛起，开创了一个民族医药进军日化行业的先河，确立了新品类的品牌地位。云南白药牙膏上市8年，销量从3000万元到累计66亿元（2015年底统计结果），全国销量位列民族品牌第一位，获得了行业市场的高度认可。在规制合法性方面，云南白药牙膏在审批的过程中巧妙运用日化和药品之间的界定差异，通过与相关部门的协调沟通，重点突出牙膏的日用品特性，规避了药品的严格审批制度，获取了审批资格，得到了政府相关部门的高度认可。因此，我们提出以下假设。

假设7：公司跨入传统行业进行业务高相关跨界创业，采取依从+利用的稳妥型战略组合能够获得更高的绩效。

渐进型战略组合强调企业承担一定的内部风险，对外通过改变自身来迎合外部环境的要求而不是去积极地影响环境，对内则采取相对积极主动的策略来配置资源。采用该战略组合的公司跨界创业活动面临的外部制度压力比较大，企业缺少能够改变外部环境的认知能力，市场权力较弱，因此会采用相对保守的依从战略来迎合和顺从外部利益相关者的需求，从而保证自身能够获得外部环境的接受与认可（Gaur et al.，2007；Luo and Tung，2007）。在内部资源配置方面，企业自身也缺少跨界新业务所需要的各种资源，新业务很难通过内部资本市场共享原有业务单元的资源，因此需要积极探索新的人力、资金、物质和技术资源来支撑跨界新业务发展的需求。公司跨界创业采取的“依从+探索”模式就是一种渐进型战略组合。

吉林神华集团跨界医药行业做抗癌注射用药剂就是实施渐进型战略的例子。在外部合法化战略方面，跨界新业务主动接受政府医药相关部门的监管，把监管当成保持有序发展的一种动力；完全按照医药行业的整体社会规范开展跨界新业务，努力提高药品的质量和疗效，获得了医药行业较高标准的GMP认证，并使药品进入医保行列；顺从癌症患者对于饮食和精神状态的特殊需求，运用保健品的产品理念使患者用药后可以提高食欲，调节心情进而提高自身的免疫力。在内部资源配置方面，企业通过收购的方式引入外部核心技术人员和管理人员，聘任新的营销人员组建营销团队；从外部引进了先进的生产设备和质量检测装置，确保跨界新业务能够符合国内外最高行业标准；企业通过收购引入了抗癌注射用药剂的专利，并通过医药行业的专有知识进行进一步的研发工作。

吉林神华集团跨界医药行业做抗癌注射用药剂，也取得了巨大的成功。医药业务单元的年净利润达到了十几亿元，对于一个三线城市的民营企业而言，这个收益已经相当可观。同时，企业的年利润已经占到所在城市将近一半的经济产值。现在集团的大部分经济收益都来自医药业务单元，并已经成功支撑起整个集团的

Farjoun（1994，1998）运用企业二手数据，从两个不同产业使用的人力技能的相同类型数量与比例的角度来测量业务相关性，也就是人力资源方面的相关性。如果不同行业的业务具有近似比例的技术人员、管理人员或其他人员，就视为具有人力资源方面的相关性。

Stimpert 和 Duhaime（1997）测量了管理者感知的相关性，他们用 25 项测量条目度量了业务相关性，采用了 Likert 五级评分法。还有学者对所测量的题项进行了因子分析，筛选出产品与市场相关性、财务相关性、差异化相关性和日常用品相关性 4 个因子。后续的学者在此基础上采用 Likert 五级评分法，进一步完善了业务相关性的测量。Tanriverdi 和 Venkatraman（2005）将企业的知识资源相关性分为产品、管理和市场三方面的相关性。Pehrsson（2006）从产品、资源、市场和价值链几个方面区分相关性，用 16 个题项对业务相关性进行了测度。

我国学者康荣平和柯银斌（1999）在总结西方研究的基础上，结合我国的生产实践将业务相关性从技术相关、市场相关和技术市场相关三个维度进行划分与测度。本章研究充分借鉴国内外学者的研究基础，特别是 Porter 和康荣平学者对于业务相关性的测度维度和题项，结合案例研究的访谈结果提出业务相关性量表的具体题项（表 4.2）。

表4.2　业务相关性量表

序号	题项
1	跨界新业务与原有业务有共同的技术或服务
2	跨界新业务与原有业务有共同的用户
3	跨界新业务与原有业务有共同的原材料
4	跨界新业务与原有业务有共同的营销渠道
5	跨界新业务与原有业务有共同的制造或安装工艺

2. 因变量

本章研究的因变量有三类：一是合法性门槛和资源配置障碍；二是合法化战略（依从战略、创造战略）、资源配置战略（利用战略、探索战略）；三是绩效。其中第二类变量中的依从战略和创造战略在后面中介变量中进行论述，此处不再赘述。

1）合法性门槛

学术界对合法性门槛（legitimacy 门槛，记为 LT）的度量一直没有达成一致的意见，这也是我们通过案例研究想要厘清的问题之一。大部分学者运用企业的相关人员感受到的外界对企业的认知和评价进行衡量，这是一种管理者感知的合法性门槛。也有学者用企业绩效作为合法性门槛的作用结果，通过对绩效的考量来间接衡量合法性门槛。

学者对合法性门槛的研究，大部分都是基于理论探讨性的质性研究。对合法性门槛的实证研究较少，很大一部分原因是缺少对于合法性门槛有效衡量的标准。正如 Newbert（2007）所指出的那样，由于合法性门槛往往是组织外部的受众所持的看法，是一种不能够直接度量的概念。因此，用任何一个严格的方法去度量个体组织的合法性门槛都是十分困难的，很难代表所有外部利益相关者的主观感知。基于这种方法上的挑战，对合法性门槛的度量往往通过外部利益相关者的活动来间接度量（Zimmerman and Zeitz，2002）。

Terreberry（1968）建议通过组织间的经济交易来评估合法性门槛，基于这一逻辑，Newbert（2007）基于影响组织出现的合法性视角对于合法性门槛的衡量进行了研究分析，该研究最终将合法性聚焦在自洽合法性和战略合法性两个方面，前者来源于新创组织的最直接的受众（Aldrich and Fiol，1994；Suchman，1995），后者能通过外部利益相关者对其进行自愿的交换资源活动来体现（Elsbach and Sutton，1992）。他们的研究将自洽合法性门槛分为组织的人力资源、组织的资本和市场吸引力 3 个维度共计 10 个题项，将战略合法性门槛分为印象管理、资源整合和关系网络行为 3 个维度共计 11 个题项。

Delmar 和 Shane（2004）的研究聚焦于确定是否开始合法化活动会提高新企业的生存概率，分析一个独特的数据集——截取 223 家成立于 1998 年 1~9 月的瑞典新企业，并连续追踪 30 个月。在对合法性门槛的衡量上，通过建立合法性实体和完成商业计划两个方面来考量。Bitektine（2011）从客户、财务和雇员三个维度设计了合法性门槛的问卷和量表，得出获取合法性有助于提高企业绩效的结论。Certo 和 Hodge（2007）则从消费者对产品的认可程度、供应商和企业合作的迫切程度、竞争者对企业的尊重程度、企业员工的荣誉感四个题项来测度合法性门槛。国内学者杜运周等（2009）在此研究的基础上，结合我国的特殊情境增加了 3 个度量题项。

可见，目前的学者对于合法性门槛的度量大都是根据自己的研究问题和目的进行量表的开发工作。本章研究从公司跨界创业的特殊情形出发，借鉴 Suchman（1995）与 Scott（1995）的相关研究，重点依据案例研究的深入访谈结果设计了合法性门槛量表。问卷采用 Likert 五级评分法，用 1~5 分别表示完全不符合、比较不符合、一般、比较符合和完全符合，具体题项见表 4.3。

表4.3　合法性门槛量表

序号	题项
1	政府对跨界进入的新行业的管控比较严格
2	跨界进入的新行业的相关法律规定比较严格，需要充分努力才能达到相关要求
3	跨界进入的新行业的认证许可比较难获得
4	跨界进入的新行业的规范比较完备，需要努力提高技术或服务水平才能达到要求
5	跨界进入的新行业的行业协会很难接受我们成为成员
6	我们在跨界进入的新行业拥有较高的知名度
7	跨界活动需要做出很大努力才能获得新行业用户的认可

2）资源配置障碍

对于公司跨界创业的资源配置障碍（resource based 障碍，记为 RB），目前尚没有可以参考的测度量表。根据资源基础观理论，企业是在一定的管理范畴下的特殊资源组合，有效地协调配置资源并提升其管理职能会带来企业的成长。根据 Porter（1998）的研究，企业跨入其他行业开展新业务时，应当充分利用与原有业务单元在有形和无形资源方面的关联。当新业务可以共享企业原有的生产、市场、技术、采购和基础资源，或者可以借用原有业务单元的专有知识时，企业可以保持可持续竞争优势取得新事业的成功。根据内部资本市场理论，Greenwood 等（2011）指出企业开展跨界新业务的动因在于形成内部资源市场，对企业内部的资源进行有效的配置。这样可以降低与外部市场进行交易的成本，提高资本的利用效率。

上述学者的研究在理论上对资源配置障碍进行了描述，本章研究主要根据公司跨界创业的实践，通过案例研究的大量深度访谈分析结果，提出了资源配置障碍的具体题项，资源配置障碍量表见表 4.4。

表4.4　资源配置障碍量表

序号	题项
1	跨界新业务单元很容易共享原有业务单元的技术人员
2	原有业务单元很愿意和新业务单元分享用户
3	跨界新业务单元能够利用原有业务单元营销团队成员
4	跨界新业务单元很难建立与原有业务单元现金利用的共享
5	跨界新业务单元很难使用公司原有的各类设备
6	跨界新业务单元很容易与原有业务单元共同进行原材料的采购
7	公司原有的技术知识或管理经验能够运用到跨界新业务单元

3）绩效

对于绩效（performance，记为 PF）的测量，Greenwood 等（2011）的研究表

明，企业应当根据所处的环境和特定的情境来选择适合的合法化战略，这样企业的绩效会比较好。而当企业的资源配置面临不同的障碍时，能够合理有效的配置资源也有助于企业取得好的绩效。同样，综合考虑选择不同的合法化战略和资源配置战略组合，公司跨界创业的绩效水平也会有差异。本章研究将公司跨界创业的绩效作为考量合法化战略和资源配置战略优劣的标准。我们采用成熟的量表对绩效进行度量，问卷采用 Likert 五级评分法，用 1~5 分别表示完全不符合、比较不符合、一般、比较符合和完全符合，受访者依据企业的实际经营行为进行选择，具体的绩效变量题项见表 4.5。

表4.5　绩效量表

序号	题项
1	新业务实现了预期的业务增长目标
2	新业务开展后，企业的总体绩效有所提升
3	新业务开展后，企业的运营效率更高
4	新业务开展后，企业的竞争优势更为明显
5	新业务开展后，企业的客户满意度更高

4.2.3　中介变量与其他变量

1. 中介变量

根据本章的研究框架，中介变量是两种类型变量的组合：公司跨界创业的合法化战略和资源配置战略。其中，合法化战略包括依从战略和创造战略，资源配置战略包括利用战略和探索战略。战略组合实质是将上述两个类型的战略进行两两组合，下面对这些中介变量所涉及的战略进行逐一阐述。

1）依从战略

对于获取合法性的战略，最初的学者是从制度的角度将合法性看作制度压力的结果，组织迎合了规范、规制和认知的制度要求，就可以获得合法性（DiMaggio and Powell，1983；Scott，1995）。而将合法性从战略视角进行研究，最早是由学者 Suchman 在 1995 年提出的，获取合法性的过程也是战略选择的过程。企业应该根据自身所处的不同环境选择不同的合法化战略。该学者提出了获取合法性的三种战略：依从战略、选择战略和操纵战略。

Suchman（1995）的研究中，提出了依从战略（comply 战略，记为 CO）的规制、规范和认知三个维度的九个题项。规制合法性方面的依从战略包括依从有关政府职能部门的要求、依从合作伙伴的要求、努力构建企业的声誉。规范合法性方面的依从战略包括依从社会整体价值体系、依从所属行业的行业规范。认知合法性方面的依从战略包括依从现有的技术或服务模式、模仿标准的经营行为、与专业化的运作相一致、促进制度化建设。Zimmerman 和 Zeitz（2002）在此基础上，又对依从战略的题项进行了修正，指出依从有关政府职能部门的规章制度，遵循社会通行的规则，依从社会主流的价值观念和体系。

可见，学者对于依从战略的研究大都是依据各自的研究目的，提出了较为一般化的测度题项，并没有针对公司跨界创业特别是跨界创业活动的特殊情境的测量题项。我们的研究在借鉴前人研究的基础上，充分考虑研究对象的特殊性，根据案例研究的大量深入访谈结果提出了公司跨界创业获取合法性的依从战略题项（表 4.6）。

表4.6　依从战略量表

序号	题项
1	跨界新业务单元努力依照新行业的相关法律规定行事
2	跨界新业务单元尊重并能够接受新行业相关政府职能部门的监管
3	跨界新业务单元注重了解和遵循新行业的价值观和社会规范
4	跨界新业务单元依照新行业通行的标准并努力寻求权威部门的认证
5	跨界新业务单元努力成为行业协会成员
6	跨界新业务单元注重了解和熟悉新行业消费者的喜好
7	跨界新业务单元会努力使其产品或服务符合新行业消费者的偏好
8	跨界新业务单元尊重并接受当地媒体的监督

2）创造战略

对于获取合法性的创造战略（creation 战略，记为 CR），Zimmerman 和 Zeitz（2002）的研究提出了类似的战略概念，并指出企业可以通过主动开展相关活动说服职能机构和社会公众证明其活动的可靠性，或者影响、改变社会公众对某一行为的固有观念和传统看法，又或者通过大范围的密集广告宣传企业形象等。Bitektine（2011）提出努力与行业内的其他管理者联合起来建立统一的服务标准，这也是创造战略的题项。另外，积极建立战略联盟以争取更大的市场权力、积极联合行业协会也是创造战略的策略（Ahlstrom and Bruton，2001）。

本章借鉴以往学者对于创造战略测量题项的设计，重点依照我国公司跨界创业战略的开展情况，在案例访谈资料分析总结的基础上提出了公司跨界创业获取合法性的创造战略的具体题项（表 4.7）。问卷采用 Likert 五级评分法，用 1~5 分别表示完全不符合、比较不符合、一般、比较符合和完全符合，受访者依据企业的实际经营行为进行选择。

表4.7　创造战略量表

序号	题项
1	跨界新业务单元积极联合其他企业引导政府建立新行业的法律法规
2	跨界新业务单元聘用相关政府官员作为业务咨询顾问
3	跨界新业务单元积极与政府职能部门建立联系并深入宣传新业务
4	跨界新业务单元积极与新行业内的企业联合起来建立行业规范
5	跨界新业务单元采用密集的广告宣传新业务优势对新行业的影响
6	跨界新业务单元采取合作等方式创建新行业的价值体系
7	跨界新业务单元广泛传播企业的创业故事引导消费者的新需求
8	跨界新业务单元会通过深入讲述与其他行业高知名度的产品或服务相一致的故事来建立消费者的信任

3）资源配置战略的利用战略和探索战略

要测度公司跨界创业资源配置战略，首先要明确界定本章研究所涉及的资源范围和类型。对于资源的界定，Ansoff（1965）最早将资源定义为人力、物质和财务资源之和，Barney 和 Turk（1994）在此基础上将资源分为人力、财务、实物和组织资本。Brush 等（2001）将资源分为有形资源和无形资源，此外还包含简单性和复杂性资源的区别。我国学者胡文静结合中国情境将创业资源分为社会、人力、资金、信息、技术和管理资源。本章研究充分借鉴国内外学者在资源分类方面的研究，在此基础上根据公司跨界创业的特殊情境结合案例研究的深入访谈结果，将资源分为人力资源、资金资源、物质资源和技术资源四类。

对于资源配置战略的测度，主要参考了资源整合研究中对于资源配置的相关研究和战略理论的研究。Sirmon 等（2007）对资源整合的研究指出，资源整合包含了稳步调整、绑定及构建能力和开拓创造 3 个维度 12 个测量题项。同时该研究还指出，资源的整合包含资源识别、资源获取、资源配置和资源利用过程。资源识别是创业者依照企业自身的资源禀赋，对于创业活动中所需要的各类资源进行辨析和认识；资源获取是企业通过其他资源获取到创业活动所需要的资源；资源配置就是在企业获取了相关资源后，对资源进行有效的组合使之能够相互匹配协调的过程；而资源利用是在资源进行有效的配置之后通过合理使用来实现新价值的过程。本章研究的资源配置实际上是资源整合中获取和配置的综合，是公司跨界创业进行有效资源组合、实现最优搭配的过程。

在战略理论的研究中，Fernhaber 和 Patel（2012）的研究指出，企业在新事业开展的过程中为了迅速提升销售业绩和竞争能力，可以针对不同的倾向采用利用战略（exploit 战略，记为 ET）和探索战略（explore 战略，记为 ER）。其中利用战略的测量题项有以下几项：主动提升产品质量并降低成本，逐步提升现有产品或服务的水平，提升企业的自动化能力，持续满足现有顾客的需求，努力寻找以便可以保持现有顾客的满意度，以现有的顾客为基础开拓新顾客。探索战略的题项包括以下几项：在企业外搜寻技术变革方案，将成功的基础建立在新技术的探索上，创造能够对企业产生变革的技术或服务，寻求创新的方法来满足消费者的需求，对新市场进行资本扩张，寻求新的顾客群体。尽管该学者的研究不是完全针对资源配置开展的，但是其中也包含了如消费者等资源因素在内的战略，对我们的研究具有一定的借鉴意义。

从以往学者的研究可以看出，对于公司跨界创业的资源配置的利用和探索战略目前还没有成熟的量表可以借鉴。我们在综合资源的类别、资源整合的内涵和战略理论的研究基础上，根据大量的企业访谈资料的分析结果，提出了公司跨界创业的资源配置战略：利用战略和探索战略，具体测度题项见表 4.8 和表 4.9。问卷采用 Likert 五级评分法，用 1~5 分别表示完全不符合、比较不符合、一般、比较符合和完全符合，受访者依据企业的实际经营行为进行选择。

表4.8　利用战略量表

序号	题项
1	跨界新业务单元主要通过公司管理者的协调使用原有的技术或服务人员
2	公司会从企业内部选任跨界新业务单元的管理人员
3	公司通过高层管理者的协调促使跨界新业务单元采用已有的供应商
4	跨界新业务单元会主要通过公司高层管理者的协调或激励机制调用原有的营销团队成员
5	跨界新业务单元主要通过公司管理者的协调使用原有的营销渠道
6	公司会通过一定的激励机制推动新业务单元主要共享原有的用户
7	公司主要利用自有资金进行跨界新业务活动
8	公司会协调跨界新业务单元使用现有的技术或服务设备
9	跨界新业务单元主要从企业内部分享专有技术知识或经验

表4.9　探索战略量表

序号	题项
1	公司主要会从外部雇用新的技术或服务人员
2	公司主要从企业外部雇用有经验的管理者来经营新业务
3	新业务单元会积极寻找新的供应商
4	公司主要雇用外部的营销人员组建新的营销团队
5	新业务单元会努力开辟新的营销渠道
6	新业务单元会通过合作或收购等方式建立新的用户群
7	公司会采用合作等方式引进外部的资金
8	公司会购买或通过收购引进新的技术或服务设备
9	公司主要引进外部的专有知识或管理经验来开展新业务

2. 其他变量

为了便于研究和分析，本章研究的问卷中还设置了一些其他变量，如企业规模、所在地、所属行业、企业所有制形式、主营业务和被访者的身份信息。其中涉及了一些控制因素，如新业务开展时间、企业规模、企业所有制形式。

企业新业务在不同的时期所面临的内外部障碍会有差别，同时新业务对绩效的影响会有一定的滞后性。所以本章研究按照新业务的开展时间，设置了新业务开展时间这一控制变量。

企业规模也影响跨界新业务的组织结构和战略选择。不同规模的企业面临的外部环境压力和内部资源配置障碍存在差别，因此按照企业的员工数，设置了企业规模变量（1=100人以下，2=100~<200人，3=200~<500人，4=500人及以上）。

不同所有制的企业面临的外部制度压力和内部资源障碍也会有差别，因此我们设置了企业所有制这一控制变量（1=国有企业，2=私营企业，3=合资企业，4=其他）。

4.3　公司跨界创业的预调研与量表修正

本研究的调研问卷中相关变量的测度量表题项，大部分来自案例研究的归纳结果，一部分是根据案例研究的内容查找相关的文献对原有研究中相关变量量表的修正。为了保证问卷中变量测度题项的合理性与科学性，使大样本的问卷调研具备解释案例推演理论结论的意义，我们进行了预调研，通过对预调研数据进行信度和效度分析，检测每一变量的具体测量题项，删除并修正了部分问题，形成了正式问卷，以保证正式调研的规范性。

量表的信度是检验测量是否可信、合理与稳定的统计指标，问卷的信度通过Cronbach's α系数来测量。一般而言，当Cronbach's α系数达到0.7以上，说明该变量的测量信度达到合理的要求（Nunnally，1978）。Cronbach's α系数越大，说明量表的测量题项之间的内部一致性越高，问卷的稳定性和可靠性越强。对于量表的修正，相关题项的删除，通过题项与变量间的经校正的题总相关（corrected item-total correlation，CITC）值来衡量。当某一测量题项的Cronbach's α系数较小而删除后的Cronbach's α系数得到提升时，说明删除该题项后量表的整体信度有所提升，此时就对该题项进行删除修正。

下面对本章研究所涉及变量的信度和 CITC 值进行分析，对量表进行检验和修正。本章研究选取的进入行业变量仅涉及公司跨界创业进入的行业是传统行业还是新兴行业，不涉及变量的维度划分，因此不需要对该变量进行修正，具体变量的信度和 CITC 值见表 4.10。

表4.10　变量的信度和CITC值

变量	题项	CITC	项已删除的 Cronbach's α 系数	Cronbach's α 系数
业务相关性	RE1	0.592	0.668	0.745
	RE2	0.584	0.680	
	RE3	0.338	0.765	
	RE4	0.577	0.675	
	RE5	0.478	0.711	
合法性门槛	LT1	0.547	0.657	0.709
	LT2	0.537	0.659	
	LT3	0.318	0.711	
	LT4	0.484	0.675	
	LT5	0.248	0.729	
	LT6	0.314	0.716	
	LT7	0.483	0.673	
资源配置障碍	RB1	0.614	0.656	0.732
	RB2	0.481	0.692	
	RB3	0.588	0.666	
	RB4	0.158	0.760	
	RB5	0.292	0.737	
	RB6	0.515	0.682	
	RB7	0.492	0.689	
依从战略	CO1	0.810	0.907	0.923
	CO2	0.746	0.913	
	CO3	0.756	0.912	
	CO4	0.718	0.915	
	CO5	0.708	0.916	
	CO6	0.750	0.912	
	CO7	0.728	0.914	
	CO8	0.712	0.915	
创造战略	CR1	0.646	0.845	0.853
	CR2	0.583	0.852	
	CR3	0.638	0.845	
	CR4	0.639	0.845	
	CR5	0.593	0.850	
	CR6	0.609	0.849	
	CR7	0.621	0.847	
	CR8	0.591	0.851	

续表

变量	题项	CITC	项已删除的 Cronbach's α 系数	Cronbach's α 系数
利用战略	ET1	0.586	0.836	0.854
	ET2	0.605	0.835	
	ET3	0.552	0.840	
	ET4	0.622	0.833	
	ET5	0.629	0.832	
	ET6	0.621	0.833	
	ET7	0.373	0.856	
	ET8	0.591	0.836	
	ET9	0.576	0.837	
探索战略	ER1	0.581	0.824	0.843
	ER2	0.551	0.827	
	ER3	0.541	0.828	
	ER4	0.569	0.825	
	ER5	0.574	0.825	
	ER6	0.557	0.826	
	ER7	0.521	0.831	
	ER8	0.494	0.833	
	ER9	0.620	0.820	
绩效	PF1	0.626	0.831	0.852
	PF2	0.696	0.813	
	PF3	0.734	0.803	
	PF4	0.627	0.831	
	PF5	0.637	0.828	

由表 4.10 可知，需要删除的题项为 RE3、LT3、LT5、LT6、RB4、RB5 和 ET7 共七个题项。

4.4　公司跨界创业战略选择的数据分析与假设检验

4.4.1　公司跨界创业战略选择的数据分析

1. 样本的描述性统计

本章研究正式调研共搜集了 357 份有效调研样本，对有效样本的特征进行了描述性统计，样本的详细特征分布如表 4.11 所示。被访者的文化程度绝大多数在本科及以上（75.9%），能够正确理解调查问卷的内容；在职位方面，55.2%的被访者是总经理及以上职位，32.2%是高层管理者，12.6%是中层管理者。综合来看，被访者熟知企业的运营和战略，能够满足本章研究调研的要求，进而保证数据的有效性。

表4.11　样本的分布特征

项目		类型	数量/个	比例
被访者特征	文化程度	研究生及以上	59	16.5%
		本科	212	59.4%
		本科以下	86	24.1%
	年龄	29 岁及以下	73	20.4%
		30 岁及以上	284	79.6%
	职位	总经理及以上	197	55.2%
		高层管理者	115	32.2%
		中层管理者	45	12.6%
企业特征	企业年龄	8 年及以下	144	40.3%
		8 年以上	213	59.7%
	企业规模	100 人以下	119	33.3%
		100~ < 200 人	57	16.0%
		200~ < 500 人	40	11.2%
		500 人及以上	141	39.5%
	所有制	国有企业	117	32.8%
		私营企业	183	51.3%
		合资企业	24	6.7%
		其他	33	9.2%

被访企业的分布也相对广泛，40.3%的样本是 8 年及以下的企业，59.7%的样本是 8 年以上的企业；在企业规模方面，33.3%的样本是 100 人以下的企业，16.0%的样本是 100~ < 200 人的企业，11.2%的样本是 200~ < 500 人的企业，39.5%的样本是 500 人及以上的企业，能够反映不同规模企业的情况；在所有制方面，32.8%的样本是国有企业，51.3%的样本是私营企业，6.7%的样本是合资企业，9.2%的样本是其他类型的企业。总体来看，本章研究的样本分布情况比较广泛，具有一定的代表性。

2. 效度检验

效度反映了测量工具与所需考察内容的接近程度，测量的结果与试图考察的内容越吻合，则该测量工具的效度越高，反之则越低；就调查问卷来说，问卷效度是指变量的各个题项能够在多大程度上反映其测量的理论构念（陈晓萍等，

2008）。本章研究充分借鉴学者的成熟做法，运用因子分析方法来检验问卷的效度，使用 SPSS 17.0 统计分析软件的问卷效度检验结果如表 4.12 所示。由表 4.12 的数据分析结果可知，本章研究所涉及主要变量的各测量题项的因子载荷值均高于 0.6，这说明本章研究所采用的问卷具备较高的效度。

表4.12　各变量的效度检验结果

变量及题项		描述性统计		因子载荷	变量及题项		描述性统计		因子载荷
		均值	标准差				均值	标准差	
业务相关性	RE1	2.966	1.338	0.786	创造战略	CR1	3.487	1.195	0.771
	RE2	3.116	1.263	0.828		CR2	3.080	1.352	0.722
	RE4	3.087	1.309	0.801		CR3	3.438	1.275	0.774
	RE5	2.549	1.347	0.673		CR4	3.467	1.216	0.768
合法性门槛	LT1	3.340	1.217	0.825		CR5	3.224	1.244	0.729
	LT2	3.454	1.240	0.830		CR6	3.476	1.228	0.751
	LT4	3.803	1.152	0.761		CR7	3.318	1.250	0.749
	LT7	3.600	1.341	0.676		CR8	3.393	1.303	0.738
资源配置障碍	RB1	2.986	1.339	0.830	利用战略	ET1	3.148	1.281	0.715
	RB2	2.881	1.258	0.711		ET2	3.438	1.173	0.716
	RB3	2.609	1.231	0.791		ET3	3.230	1.211	0.674
	RB6	2.994	1.342	0.652		ET4	3.426	1.219	0.739
	RB7	2.555	1.212	0.693		ET5	3.233	1.262	0.743
依从战略	CO1	3.997	1.207	0.877		ET6	3.406	1.264	0.727
	CO2	4.139	1.074	0.847		ET8	3.182	1.275	0.664
	CO3	3.938	1.214	0.844		ET9	3.242	1.317	0.662
	CO4	4.014	1.157	0.824	探索战略	ER1	3.301	1.230	0.712
	CO5	3.819	1.121	0.805		ER2	3.209	1.207	0.721
	CO6	3.869	1.194	0.839		ER3	3.499	1.196	0.717
	CO7	3.938	1.144	0.840		ER4	3.090	1.244	0.711
	CO8	4.057	1.166	0.801		ER5	3.675	1.156	0.745
绩效	PF1	3.513	1.085	0.769		ER6	3.354	1.199	0.678
	PF2	3.606	1.079	0.824		ER7	3.258	1.248	0.662
	PF3	3.654	1.034	0.848		ER8	3.383	1.178	0.647
	PF4	3.783	1.055	0.765		ER9	3.328	1.201	0.775
	PF5	3.761	1.074	0.766					

3. 信度检验

信度检验是一种测度调查问卷是否具有一定稳定性和可靠性的有效分析方法，

其目的在于检测不同的观察者在不同地点和时间所得到的结果是否一致和稳定；一般来讲，多次试验结果的一致性越高，则测量误差越小，这表明问卷的信度越高（张虎和田茂峰，2007）。在问卷调查中信度检验具有十分重要的作用，现有研究常用来反映调查问卷信度高低的方法是检验问卷的内部一致性系数（Cronbach's α系数）。本章研究采用 SPSS 17.0 来检验调查问卷的信度，具体结果如表 4.13 所示。

由表 4.13 的信度检验结果可知，本章研究所涉及主要变量的 Cronbach's α 系数均在 0.7 以上，CITC 最小值为 0.483，项已删除的 Cronbach's α 系数都小于被删除前的 Cronbach's α系数，综上，各个变量的测度量表具备较高的信度，符合进一步数据处理的要求。

表4.13　各变量的信度检验结果

变量及题项		项已删除的Cronbach's α系数	CITC	Cronbach's α系数	变量及题项		项已删除的Cronbach's α系数	CITC	Cronbach's α系数
业务相关性	RE1	0.678	0.597	0.752	创造战略	CR1	0.847	0.647	0.866
	RE2	0.680	0.598			CR2	0.855	0.578	
	RE4	0.681	0.589			CR3	0.848	0.638	
	RE5	0.719	0.486			CR4	0.847	0.643	
合法性门槛	LT1	0.666	0.535	0.723		CR5	0.852	0.602	
	LT2	0.662	0.549			CR6	0.850	0.614	
	LT4	0.678	0.494			CR7	0.849	0.627	
	LT7	0.678	0.483			CR8	0.852	0.596	
资源配置障碍	RB1	0.666	0.622	0.739	利用战略	ET1	0.838	0.581	0.854
	RB2	0.700	0.489			ET2	0.835	0.611	
	RB3	0.677	0.591			ET3	0.840	0.559	
	RB6	0.693	0.514			ET4	0.833	0.629	
	RB7	0.700	0.492			ET5	0.832	0.632	
依从战略	CO1	0.911	0.812	0.926		ET6	0.833	0.623	
	CO2	0.916	0.752			ET8	0.838	0.578	
	CO3	0.915	0.764			ET9	0.838	0.577	
	CO4	0.917	0.727		探索战略	ER1	0.829	0.590	0.847
	CO5	0.918	0.714			ER2	0.832	0.560	
	CO6	0.915	0.754			ER3	0.833	0.552	
	CO7	0.917	0.736			ER4	0.830	0.576	
	CO8	0.918	0.718			ER5	0.830	0.582	
绩效	PF1	0.832	0.634	0.853		ER6	0.832	0.562	
	PF2	0.813	0.703			ER7	0.836	0.528	
	PF3	0.805	0.737			ER8	0.838	0.500	
	PF4	0.833	0.629			ER9	0.825	0.628	
	PF5	0.833	0.629						

4.4.2 公司跨界创业战略选择的假设检验

Pearson 相关分析是对两个及两个以上变量之间的相关性大小、相关方向及是否具有统计学关联意义进行检验，但是对于变量之间的因果关系，相关分析难以做出判断，需要通过进一步的回归分析实现。在进行多元线性回归分析前，本章研究先对所涉及的主要变量进行 Pearson 相关分析，数据结果如表 4.14 所示。Pearson 相关分析的结果表明，跨界进入的行业（跨入传统行业和跨入新兴行业）、业务相关性、合法性门槛、资源配置障碍、依从战略、创造战略、利用战略、探索战略、绩效等变量间存在显著的相关关系，由此初步检验了第 3 章提出的假设。

表4.14 各变量相关分析结果

变量	1	2	3	4	5	6	7	8	9	10
1 跨入传统行业	1									
2 跨入新兴行业	−0.846**	1								
3 业务相关性	−0.111*	0.134*	1							
4 合法性门槛	0.152**	−0.115*	0.247**	1						
5 资源配置障碍	0.062	−0.070	−0.675**	−0.326**	1					
6 依从战略	0.140**	−0.143**	0.201**	0.557**	−0.285**	1				
7 创造战略	−0.301**	0.295**	0.231**	0.185**	−0.310**	0.226**	1			
8 利用战略	−0.134*	0.163**	0.689**	0.333**	−0.761**	0.307**	0.372**	1		
9 探索战略	−0.039	0.027	−0.331**	0.285**	0.148**	0.291**	0.210**	−0.102	1	
10 绩效	0.100	−0.103	0.220**	0.496**	−0.377**	0.565**	0.295**	0.339**	0.318**	1

**表示显著性水平 $p<0.05$，*表示显著性水平 $p<0.10$

1. 公司跨界创业面临的内外部挑战

1）跨入行业与合法性门槛间关系的实证分析

表4.15 中的Model 1是基础模型，检验了控制变量对合法性门槛的影响。以Model 1为基础加入自变量跨入行业构建Model 2，以此分析跨入行业对合法性门槛的影响。数据结果显示，跨入行业对合法性门槛的回归系数为 0.312（Model 2：$p<0.01$），因此假设 1：相较于跨入新兴行业，跨入传统行业的公司跨界创业面临的来自组织外部的合法性门槛比较高得到数据支持。

表4.15　跨入行业对合法性门槛的回归分析

变量		被解释变量：合法性门槛	
		Model 1	Model 2
控制变量	年龄	-0.006^{**}	-0.006^{**}
	规模	0.017	0.017
	所有制	0.087	0.091
自变量	跨入行业		0.312^{***}
R^2		0.022	0.047
调整后的 R^2		0.013	0.035
F		2.569^{*}	4.167^{***}

***表示显著性水平 $p<0.01$，**表示显著性水平 $p<0.05$，*表示显著性水平 $p<0.10$

2）业务相关性与资源配置障碍间关系的实证分析

表 4.16 中的 Model 3 是基础模型，检验了控制变量对资源配置障碍的影响，以 Model 3 为基础加入自变量——业务相关性构建 Model 4，以此来分析跨界业务相关性对资源配置障碍的影响。结果显示，业务相关性对资源配置障碍的回归系数为−0.637（Model 4：$p<0.01$），因此，假设 2：相较于业务高相关跨界，低相关跨界的公司跨界创业面临的来自组织内部的资源配置障碍比较大得到数据验证。

表4.16　业务相关性对资源配置障碍的回归分析

变量		被解释变量：资源配置障碍	
		Model 3	Model 4
控制变量	年龄	0.000	0.005^{**}
	规模	−0.054	−0.028
	所有制	−0.076	−0.060
自变量	业务相关性		-0.637^{***}
R^2		0.008	0.471
调整后的 R^2		0.000	0.465
F		0.957	76.088^{***}

***表示显著性水平 $p<0.01$，**表示显著性水平 $p<0.05$

2. 公司跨界创业的合法化战略选择

1）跨入行业与依从战略间关系的实证分析

表 4.17 中的 Model 5 是基础模型，检验了控制变量对依从战略的影响。以 Model 5 为基础加入自变量跨入传统行业构建 Model 6，以此来分析跨界进入的行业对依从战略的影响。结果显示，跨入传统行业对依从战略的回归系数为 0.296（Model 6：$p<0.01$），因此假设 3：相较于跨入新兴行业，跨入传统行业的公司跨界创业更倾向选择合法化的依从战略得到数据验证。

表4.17　跨入传统行业对依从战略的回归分析

变量		被解释变量：依从战略	
		Model 5	Model 6
控制变量	年龄	−0.003	−0.002
	规模	0.047	0.047
	所有制	0.044	0.048
自变量	跨入传统行业		0.296***
R^2		0.005	0.027
调整后的 R^2		−0.004	0.016
F		0.590	2.372**

***表示显著性水平 $p<0.01$，**表示显著性水平 $p<0.05$

2）跨入行业与创造战略间关系的实证分析

表 4.18 中的 Model 7 是基础模型，检验了控制变量对创造战略的影响。以 Model 7 为基础加入自变量跨入行业构建 Model 8，以此来分析跨界进入的行业对创造战略的影响。结果显示，跨入新兴行业对创造战略的回归系数是 0.555（Model 8：$p<0.01$），因此假设 4：相较于跨入传统行业，跨入新兴行业的公司跨界创业更倾向选择合法化的创造战略得到数据验证。

表4.18　跨入新兴行业对创造战略的回归分析

变量		被解释变量：创造战略	
		Model 7	Model 8
控制变量	年龄	−0.005	−0.005*
	规模	0.052	0.058
	所有制	0.106*	0.088
自变量	跨入新兴行业		0.555***
R^2		0.018	0.100
调整后的 R^2		0.009	0.090
F		2.035	9.505***

***表示显著性水平 $p<0.01$，*表示显著性水平 $p<0.10$

3. 公司跨界创业的资源配置战略选择

1）跨界业务相关性与资源配置的利用战略间关系的实证分析

表 4.19 中的 Model 9 是基础模型，检验了控制变量对利用战略的影响。以 Model 9 为基础加入自变量业务相关性构建 Model 10，以此来检验跨界业务相关性对利用战略的影响。数据结果显示，业务相关性对利用战略的回归系数为 0.613（Model 10：$p<0.01$），因此假设 5：相较于业务低相关的跨界创业，高相关的公

司跨界创业更倾向选择资源配置的利用战略得到数据验证。

表4.19　业务相关性对利用战略的回归分析

变量		被解释变量：利用战略	
		Model 9	Model 10
控制变量	年龄	0.002	−0.002
	规模	0.031	0.006
	所有制	0.063	0.048
自变量	业务相关性		0.613***
R^2		0.007	0.490
调整后的 R^2		−0.001	0.484
F		0.831	82.279***

***表示显著性水平 $p<0.01$

2）业务相关性与资源配置战略的探索战略间关系的实证分析

表 4.20 中 Model 11 是基础模型，检验了控制变量对探索战略的影响。以 Model 11 为基础加入自变量业务相关性构建 Model 12，以此检验业务相关性对探索战略的影响。数据结果显示，业务相关性对探索战略的回归系数为 −0.247（Model 12：$p<0.01$），因此假设 6：相较于业务高相关的跨界创业，低相关的公司跨界创业更倾向选择资源配置战略的探索战略得到数据支持。

表4.20　业务相关性对探索战略的回归分析

变量		被解释变量：探索战略	
		Model 11	Model 12
控制变量	年龄	−0.008***	−0.006**
	规模	−0.085**	−0.075**
	所有制	−0.098*	−0.092*
自变量	业务相关性		−0.247***
R^2		0.071	0.155
调整后的 R^2		0.063	0.145
F		8.699***	15.699***

***表示显著性水平 $p<0.01$，**表示显著性水平 $p<0.05$，*表示显著性水平 $p<0.10$

4. 公司跨界创业的内外部战略组合选择

1）依从+利用战略组合的中介效应实证检验

表 4.21 中的 Model 13 是基础模型，分析了控制变量对绩效的影响。以 Model 13 为基础加入自变量跨入传统行业-业务相关性构建 Model14，分析跨入传统行业-高业务相关性情况下依从+利用战略组合的中介效应。在 Model 14 的基础上再加入依从+

利用战略组合这一变量构建 Model 15。由表 4.21 的数据检验结果可知，跨入传统行业–业务相关性对企业绩效存在积极影响，在加入依从+利用战略组合后，跨入传统行业–业务相关性对企业绩效的促进作用有所下降，回归系数由 0.315 下降为 0.184，且显著性水平由 $p<0.01$ 下降到 $p<0.10$，同时跨入传统行业–业务相关性对依从+利用战略组合存在积极影响，因此证明依从+利用战略组合在跨入传统行业–业务相关性与企业绩效间存在中介作用。所以假设 7：公司跨入传统行业进行业务高相关跨界创业，采取依从+利用的稳妥型战略组合能够获得更高的绩效得到数据支持。

表4.21　传统行业–高业务相关情况下依从+利用战略组合的中介效应检验

变量		因变量			
		绩效		依从+利用战略组合	
		Model 13	Model 14	Model 15	Model 16
控制变量	年龄	-0.278^{**}	-0.214^{*}	-0.167	-0.150
	规模	0.254^{**}	0.139	0.078	0.194^{*}
	所有制	-0.026	-0.052	-0.049	-0.011
自变量	传统行业–业务相关性		0.327^{***}	0.184^{*}	0.455^{***}
中介变量	依从+利用战略组合			0.315^{***}	
R^2		0.062	0.159	0.230	0.278
调整后的 R^2		0.034	0.126	0.192	0.250
F		2.260^{*}	4.815^{***}	6.049^{***}	9.827^{***}

***表示显著性水平 $p<0.01$，**表示显著性水平 $p<0.05$，*表示显著性水平 $p<0.10$

2）依从+探索战略组合的中介效应实证检验

根据上述逻辑构建 Model 18、Model 19 和 Model 20 以检验依从+探索战略组合的中介作用，数据结果如表 4.22 所示。由 Model 18 可知，跨入传统行业–低业务相关对企业绩效的回归系数是−0.122（Model 18：$p>0.10$），作用并不显著，因此假设 8：公司跨入传统行业进行业务低相关跨界创业，采取依从+探索的渐进型战略组合能够获得更高的绩效未得到数据支持。

表4.22　传统行业-低业务相关情况下依从+探索战略组合的中介效应检验

变量		因变量			
		绩效			依从+探索战略组合
		Model 17	Model 18	Model 19	Model 20
控制变量	年龄	-0.025	0.010	-0.007	0.028
	规模	-0.116	-0.138	-0.018	-0.200^{*}
	所有制	0.048	0.040	0.035	0.009

续表

变量		因变量			
		绩效			依从+探索战略组合
		Model 17	Model 18	Model 19	Model 20
自变量	传统行业-低业务相关		−0.122	0.030	−0.251**
中介变量	依从+探索战略组合			0.604***	
R^2		0.022	0.036	0.367	0.094
调整后的 R^2		−0.006	−0.001	0.336	0.059
F		0.799	0.972	11.936***	2.686**

***表示显著性水平 $p<0.01$，**表示显著性水平 $p<0.05$，*表示显著性水平 $p<0.10$

3）创造+利用战略组合的中介效应实证检验

根据上述逻辑构建了 Model 22、Model 23 和 Model 24 以检验创造+利用战略组合的中介作用，数据结果如表 4.23 所示。Model 22 的结果显示跨入新兴行业-高业务相关对绩效的回归系数是 0.262（Model 22：$p<0.10$），再加入创造+利用战略组合后其对绩效的作用不再显著，并且跨入新兴行业-高业务相关对创造+利用战略组合的回归系数是 0.571（Model 24：$p<0.01$），由此可知创造+利用战略组合所起的中介作用显著。因此假设 9：公司跨入新兴行业进行业务高相关跨界创业，采取创造+利用的积极型战略组合能够获得更高的绩效得到数据验证。

表4.23　新兴行业-高业务相关情况下创造+利用战略组合的中介效应检验

变量		因变量			
		绩效		创造+利用战略组合	
		Model 21	Model 22	Model 23	Model 24
控制变量	年龄	−0.025	−0.074	0.109	−0.234*
	规模	0.066	−0.005	−0.138	0.170
	所有制	0.084	0.031	0.044	−0.016
自变量	新兴行业-高业务相关		0.262*	−0.184	0.571***
中介变量	创造+利用战略组合			0.780***	
R^2		0.010	0.064	0.458	0.353
调整后的 R^2		−0.041	0.000	0.410	0.308
F		0.189	1.996*	9.634***	7.913***

***表示显著性水平 $p<0.01$，*表示显著性水平 $p<0.10$

4）创造+探索战略组合的中介效应实证检验

根据上述逻辑构建了 Model 26、Model 27 和 Model 28 以检验创造+探索战略组合的中介作用，数据结果如表 4.24 所示。Model 26 的结果显示跨入新兴行业-低业务相关对企业绩效的作用并不显著，回归系数是 0.061（Model 26：$p>0.10$），因此假设 10：公司跨入新兴行业进行业务低相关跨界创业，采取创造+探索的突破型战略组合能够获得更高的绩效未得到数据支持。

表4.24　新兴行业-低业务相关情况下创造+探索战略组合的中介效应检验

变量		因变量			
		绩效		创造+探索战略组合	
		Model 25	Model 26	Model 27	Model 28
控制变量	年龄	-0.334^{**}	-0.348^{**}	-0.129	-0.365^{**}
	规模	0.196	0.209	0.084	0.209
	所有制	−0.121	−0.124	−0.043	−0.135
自变量	新兴行业-低业务相关		0.061	0.195^{*}	-0.223^{*}
中介变量	创造+探索战略组合			0.602^{***}	
R^2		0.074	0.077	0.380	0.164^{*}
调整后的 R^2		0.030	0.019	0.330	0.111
F		1.700	1.320	7.599^{***}	3.091^{**}

***表示显著性水平 $p<0.01$，**表示显著性水平 $p<0.05$，*表示显著性水平 $p<0.10$

数据分析的结果显示，本章研究案例分析得出的绝大多数假设命题都得到了实证数据的支持，很好地验证了研究模型和理论假设。为了能够进一步对假设检验的结果进行分析，将所有检验结果进行汇总，以提高分析的便利性与合理性。具体假设检验结果统计如表 4.25 所示。

表4.25　假设检验结果统计

序号	假设内容	是否通过
假设 1	相较于跨入新兴行业，跨入传统行业的公司跨界创业面临的来自组织外部的合法性门槛比较高	通过
假设 2	相较于业务高相关跨界，低相关跨界的公司跨界创业面临的来自组织内部的资源配置障碍比较大	通过
假设 3	相较于跨入新兴行业，跨入传统行业的公司跨界创业更倾向选择合法化的依从战略	通过
假设 4	相较于跨入传统行业，跨入新兴行业的公司跨界创业更倾向选择合法化的创造战略	通过

续表

序号	假设内容	是否通过
假设 5	相较于业务低相关的跨界创业，高相关的公司跨界创业更倾向选择资源配置的利用战略	通过
假设 6	相较于业务高相关的跨界创业，低相关的公司跨界创业更倾向选择资源配置战略的探索战略	通过
假设 7	公司跨入传统行业进行业务高相关跨界创业，采取依从+利用的稳妥型战略组合能够获得更高的绩效	通过
假设 8	公司跨入传统行业进行业务低相关跨界创业，采取依从+探索的渐进型战略组合能够获得更高的绩效	未通过
假设 9	公司跨入新兴行业进行业务高相关跨界创业，采取创造+利用的积极型战略组合能够获得更高的绩效	通过
假设 10	公司跨入新兴行业进行业务低相关跨界创业，采取创造+探索的突破型战略组合能够获得更高的绩效	未通过

本章的主要内容是对正式调研的问卷数据进行分析，并对案例分析提出的假设通过多元回归分析进行系统的实证分析检验。在对数据进行分析的过程中，本章研究首先查看了样本数据的描述性统计特征，以便对所有数据结构和相关统计性信息有一个初步的了解。其次，我们检验了样本数据的效度，通过因子分析的结果显示，收集到的样本数据效度良好，能够支持下一步的数据分析。最后，研究分析了样本数据的信度，通过对 Cronbach's α 系数的检验发现，每一个变量的 Cronbach's α 系数都大于 0.7，样本具有较好的信度。

通过对大样本数据分析的结果表明，本章研究提出的相关假设得到了数据较好的支持和验证。当公司跨界进入传统行业时，面临来自组织外部的合法性门槛要比跨入新兴行业高，此时企业更倾向选择依从战略来获取合法性；反之，企业更倾向选择创造战略来获取合法性。而公司跨界创业的新业务与原有业务相关程度越高，面临的组织内部资源配置的障碍越小，企业越倾向选择利用战略来配置资源；反之，企业更倾向选择探索战略来配置资源。当公司跨入传统行业进行业务高相关跨界创业时，采取稳妥型战略组合能够获得更高的绩效；当公司跨入新兴行业进行业务高相关跨界创业时，采取积极型战略组合能够获得更高的绩效。但是当公司跨界创业的新业务与原有业务的相关程度较低时，无论进入传统行业还是新兴行业，渐进型战略组合和突破型战略组合的中介作用都没有得到检验。

第 5 章　公司跨界创业战略选择的大样本实证研究结果

5.1　公司跨界创业面临的内外部挑战的结果分析与讨论

5.1.1　公司跨界创业面临的内外部挑战的结果分析

公司在进行跨界创业的过程中，企业原有的合法性会因为创新活动而受到影响，哪怕是最稳定的合法性也会面临挑战（Suchman，1995），面临着跨界创业活动的合法性门槛。合法性门槛是企业进入一个新环境中，需要满足利益相关者对合法性的最低要求。当企业的合法性水平超过这一最低值时，企业才能够在新环境中生存和发展。合法性门槛体现了企业开展创业活动所面临的制度障碍，同时能够反映企业获取生存发展所需合法性的难易程度。然而当公司开展跨界创业活动进入不同的行业时，其面临的制度障碍有所差别，因此明晰公司跨入不同行业的合法性障碍是进行跨界创业活动需要解决的首要问题，而学者对相关问题的研究还不完善。

另外，根据资源基础观理论和内部交易市场理论，企业跨界开展创业活动时应当尽可能地利用和共享内部资源，从内部市场进行交易活动进而降低交易成本。企业可以进行最优的资源组合，巧妙地运用各类资源实现自身利益的最大化。而当公司跨界开展创业活动时，因为跨入了不同的行业其新业务与原有业务关联程度有时会很低，会面临资源配置的障碍（Porter，1998）。因此，如何合理有效地配置资源，使之能够互相匹配、协调，以形成企业的独特竞争能力是进行公司跨界创业活动的重要内容，而学者对相关问题的研究更多的是关注资源的利用和共享，对于行业的异质性带来的资源共享难题的研究还略显不足。

既然公司跨界创业会面临不同的外部合法性障碍和内部资源配置障碍，本书研究针对现有研究的不足，提出公司跨入不同的行业时，相较于跨入新兴行业，跨入传统行业面临的合法性门槛比较高。当公司跨界创业的新业务与原有业务的关联程度越高时，企业面临资源配置的障碍越小。同时，本书研究的大样本实证数据也支持了这样的观点。

1. 相较于跨入新兴行业，跨入传统行业的公司跨界创业活动面临的合法性门槛比较高

当公司跨入传统行业时，行业的制度相对比较完善，相应的制度压力也比较大（Scott，1995；North，1990）。制度包含了规制、规范和认知等方面的概念，在规制方面，传统行业的相关法律法规和政策比较完善，政府的监管也比较严格；在规范方面，传统行业在长期的发展过程中形成了较为稳定的行业规范和社会价值体系；在认知方面，公众对传统行业的产品或服务有着相对统一的认识，他们习惯于接受那些通用的、同质的产品或服务。因此，当公司跨界创业进入传统行业时，各方面的制度压力和障碍相对较大，企业的创业活动要获得支持和认可取得合法性的最低阈值也比较高，也就是企业面临的合法性门槛会比较高。

2. 公司跨界创业的新业务与原有业务的相关程度越高，企业面临的资源配置障碍越小

当企业跨界创业的新业务与原有业务的相关程度比较高时，如云南白药集团跨界日化行业做云南白药牙膏、阿里巴巴集团跨界金融行业做互联网金融，企业能够运用原有的优势资源进行跨界创业活动，以其内部的资源市场为核心来配置资源。此时，企业原有的人力、资本、物质和技术等方面的优势资源仍然可以发挥作用，在此基础上再通过其他方式适当地配置所需要的资源，企业的资源配置障碍较低。而当公司跨界创业的新业务与原有的业务相关程度较低甚至毫不相关时，如吉林神华集团跨界医药行业做抗癌注射用药剂、海尔集团跨界互联网做物联网，由于企业从未涉及新行业的业务，故而企业很难共享原有的人力、资本、物质和技术等方面的资源。此时，企业要想配置新业务所需要的资源，就不得不另辟蹊径探索新的资源，这样企业面临的资源配置障碍就比较大。

5.1.2 公司跨界创业面临的内外部挑战的结果讨论

明确公司跨界创业面临的内外部挑战是成功开展创业活动的前提和基础。企业在进行跨界创业之前，应该要首先明确开展跨界创业活动将要面临的内外部障碍，并将之与组织自身的资源等各方面的实际相结合才能避免盲目跨界的情况。

本书研究厘清了公司开展跨界创业对外要克服制度压力带来的外部合法性门槛，对内企业会面临着资源配置方面的困难和障碍，给企业的生产实践提供了一定的理论指导。

当跨界新业务和原有的业务相关程度比较高时，企业面临的资源配置障碍会比较小；而如果企业开展的跨界新业务与企业的原有业务之间的相关程度比较低甚至毫不相关时，企业面临的资源配置方面的障碍就会比较大。类似地，跨界创业活动进入的行业不同，其面临的外部制度压力也不同，合法性门槛也有差别。当企业跨入传统行业开展跨界创业活动时，外部的制度压力比较大，相应的合法性门槛也比较高；而当企业跨入新兴行业进行跨界创业活动时，由于制度环境各因素还不完善，企业面临的制度压力相对较小，相应的合法性门槛也会比较低。

因此，企业在开展跨界创业活动时，首先要分析开展的新业务在技术、市场等方面与企业原有业务的相关程度，这样就可以预见企业将会面临着何种程度的资源配置障碍。此外，企业还要分析所进入行业的类型，了解新行业的规范、规制和认知等方面的制度情况，这样就可以判断企业开展跨界新业务将要面临的外部合法性门槛情况。在充分分析内外部障碍的情况下，企业才能够根据不同的情形有针对性地进行战略选择，为合理有效地开展经营活动打下坚实的基础，有助于企业在制定跨界创业战略决策时提供理论方面的指导。

5.2　公司跨界创业合法化战略选择的结果分析与讨论

5.2.1　公司跨界创业合法化战略选择的结果分析

学者对合法化战略的研究表明，当企业处在不同的制度环境中时，应当选择适合所处环境的合法化战略来获取企业生存和发展所需要的合法性（Suchman，1995；Zimmerman and Zeitz，2002）。根据制度环境的差异，有些学者认为企业可以采取依从战略、选择战略、操纵战略或者开拓战略来获取合法性。依从战略是企业严格按照所处环境的制度要求来开展生产活动，是一种同质化的战略方式；选择战略是企业根据自身的情况来选择进入的环境，企业的自主性有了一定的提升，不再是完全被动地适应环境；操纵战略是企业可以根据自身的经营活动来适当地改变外部制度环境，通过更为主动的战略方式来获得新业务的合法性；而开拓战略则是企业会积极、主动地建立新的制度，以满足所处制度不完善的缺陷，同时可以通过新制度的建立获得企业的合法性。

然而，以往学者对于合法化战略的研究还处在较为笼统的质性研究阶段，对于具体的战略维度的细化特别是特殊情境下的具体战略表现（如公司跨界创业）的研究不够细致深入。本书研究根据这一理论研究缺陷，通过多案例的探索式研究发现：当公司跨界创业进入传统行业时，更倾向选择依从战略来获取合法性；而当企业跨界创业进入新兴行业时，更倾向选择创造战略来获取合法性。两种战略都可以分为规制、规范和认知三个维度，对于不同维度会采取不同的措施来获取合法性。通过案例分析，我们开发了公司跨界创业的两种合法化战略的量表，通过实证研究分析进入行业的差异对合法化战略选择的影响。

1. 公司跨界创业进入传统行业，更倾向选择依从战略来获取合法性

当公司跨界进入传统行业时，行业的制度相对比较完善，企业面临的行业制度压力比较大，合法性门槛比较高。为了克服这样的合法性门槛、迅速获得企业生存和发展所需要的合法性，公司会选择依从战略来应对，我们的研究支持了这样的观点。依从战略的特征，就是主要按照制度环境的要求来开展活动，在制度压力较大的传统行业采取这样的战略方式可以更好地融入新制度环境，采用与新制度环境相匹配的模式来开展创业活动。这样可以降低为了应对制度压力带来的高合法性门槛的成本，提升创业活动的成功率，并能够迅速获取新事业的成功。

具体来说，企业可以依从规制、规范和认知三个方面的制度要求来实施合法化的依从战略。在规制方面，公司跨界创业活动应该努力依照所进入行业的相关法律法规和政策规章行事，将现有的规制作为企业活动的行动标准。同时企业还应该尊重并接受所进入行业的政府职能部门的监管，特别是在我国这样一个转型经济的国家中，政府在很多方面会通过监管的方式介入跨界创业活动中，因此企业应当将监管看作指导企业创业活动的动力，积极地“拥抱监管”。在规范方面，当公司跨界进入传统行业时，应该首先了解所进入行业的价值观和社会规范，并遵循这样的行业规范。同时，企业可以通过努力依照所进入行业的标准来开展创业活动的方式以获取权威部门的认证，这样可以迅速提升自身的规范合法性。企业还可以通过加入行业协会的方式来获得所进入行业的权威人士的认可，提升新业务的合法性水平。在认知方面，跨界创业新业务应当要了解和熟悉所进入行业用户的喜好，并努力使新业务的产品或服务符合用户的偏好。

2. 公司跨界创业进入新兴行业，更倾向选择创造战略来获取合法性

当公司跨界创业进入新兴行业时，行业的制度并不完善，相关的法律法规和政策规章尚未健全，行业的价值体系尚未形成，缺乏统一的社会规范，公众的认

知标准也不一致，任何有利于受众的产品或服务方式都可能获得用户的支持。因此，企业面临的制度压力相对较小，其合法性门槛也比较低。在这样的制度环境下，企业可以通过创造战略来获取新事业的合法性。创造战略的优势在于，企业在创造制度的同时可以将自身的经营模式、价值观和标准嵌入行业制度中去，依照有利于自身的发展来制定相关制度，这样企业就可以获得制度红利，能够更大程度地促进新事业的发展。

本书研究的实证数据分析支持了该部分的假设，当公司跨界创业进入新兴行业时，会选择创造战略。在创造战略的规制方面，企业会积极地联合所进入行业内的其他企业来引导政府职能部门建立新的行业法律法规和政策规范；企业有时还会聘请相关政府官员作为跨界新业务的咨询顾问，这样不但可以迅速了解职能部门在规制方面的决策规定，而且可以在相互交流的过程中将企业的实践传递给制度制定者，有利于相关规章制度的有效制定。在创造战略的规范方面，企业会积极地和所进入行业的其他企业联合起来建立行业规范，并联合建立所进入行业的价值体系，企业还可以采取广告等宣传方式推动新业务对所进入行业的影响。在创造战略的认知方面，一方面，企业会通过广泛宣传新业务的方式来引导消费者建立新的需求，并通过讲述与其他行业高知名度企业的产品或服务一致性的故事来取得消费者的信任；另一方面，在有需要的情况下，为了推动相关规章制度的制定，企业还会积极地与政府职能部门联系，深入宣传企业的跨界创业新业务以获得支持和认可。

5.2.2 公司跨界创业合法化战略选择的结果讨论

公司跨界创业进入不同类型的行业，根据企业面临的不同合法性门槛，选择适合的合法化战略是企业开展跨界创业活动的外部制度保障。

企业在充分评估外部制度环境的合法性门槛之后，需要根据跨入行业的类型选择适合的合法化战略。本书研究通过多案例研究探索出公司跨界创业的两种合法化战略，并运用大样本的实证研究进行了检验。企业应根据跨界新业务进入的是传统行业还是新兴行业，选择依从战略或创造战略来跨越合法性门槛。

当企业开展跨界新业务进入传统行业时，面临行业的制度压力比较大，为了满足制度环境对新业务的要求，企业应该更多地采用相对保守的依从战略来获得规范、规制和认知制度的接受和认可。反之，当企业开展跨界新业务进入新兴行业时，面临的制度压力相对较小，因为新兴行业的各项制度因素还不是很完善，任何符合消费者需求的产品或服务形式都可以被认为是合理合法的，此时企业可以采取创造战略来获取合法性。

5.3　公司跨界创业资源配置战略选择的结果分析与讨论

5.3.1　公司跨界创业资源配置战略选择的结果分析

现有的研究表明，公司开展跨界创业活动时，为了有效地配置资源，应该充分建立企业内部业务之间的关联从而实现对原有资源的共享利用（Porter，1998）。当公司跨界创业的新业务与原有业务之间的关联程度较高时，如云南白药集团跨界做云南白药牙膏、阿里巴巴集团跨界做互联网金融，虽然公司跨界活动进入了一个新行业，但其产品还包含了原有行业的技术或服务。此时，企业可以根据这样的关联来充分利用现有的人力、资金、物质和技术资源来配置新业务所需要的资源。但是，很多时候跨界创业新业务与企业原有的业务之间的关联性非常小甚至毫不相关，因为跨界的特征就是要突破和创新，如海尔集团跨界物联网、吉林神华集团跨界医药，此时企业就无法按照传统理论的利用共享方式来配置资源。在这样的情境下，企业如何能够合理有效地配置资源？选择什么样的资源配置战略可以使企业取得新事业的成功？

以往学者的研究并没有对上述情境下的资源配置战略做详尽的分析，同时对利用战略的研究也没能根据公司跨界创业的具体情境做出具体的维度划分。本书研究通过多案例的探索性研究分析显示，跨界创业需要配置的资源分为人力、资金、物质和技术资源四类，利用战略和探索战略具体内容都按照这四个维度展开。当公司跨界创业的新业务与原有业务的相关程度较低时，企业更倾向选择探索战略来配置资源；当公司跨界创业的新业务与原有业务的相关程度较高时，企业更倾向选择利用战略来配置资源。我们的实证研究数据也支持了这样的观点。

1. 公司跨界创业的新业务与原有业务的相关程度越低，企业越倾向选择探索战略来配置资源

当公司跨界创业的新业务与原有业务的相关程度较低时，企业很难通过共享原有的资源来配置新业务所需要的人力、资金、物质和技术资源。如果企业仍旧希望依靠原有的资源来配置新业务的资源，其成本投入会大幅提升，很难在短时

间内取得新业务的成功。此时，企业需要突破原有组织的界限，探索新的资源来满足新业务发展的需要。企业可以通过收购所进入行业企业的方式引入新业务所需要的资源，也可以通过合作等方式引入新的资源。探索战略的特征，就是不局限于组织原有的界限来寻求新的资源，通过新资源的引入降低资源配置的成本以提升资源配置效率。因此，当新业务与原有业务的相关程度较低时，且企业无法通过关联来共享原有资源时，选择探索战略来配置资源是明智之举。

具体来说，当公司跨界创业的新业务与原有业务之间的相关程度较低时，企业可以从人力、资金、物质和技术四个方面来实施资源配置的探索战略。在人力资源方面，企业主要从外部雇用新的技术或服务人员，其各级管理者也主要来自企业外部。在市场环节方面，企业会积极寻找新的供应商、销售商，主要雇用企业外部的营销人员来组建新的营销团队，寻求新的用户群。这些人力资源，既可以是企业通过收购方式保留所收购企业的核心人员，也可以是直接聘用有经验的管理者、技术人员和营销人员等。在资金方面，由于跨界创业新业务经常采取收购或者合作的方式展开，企业会引入新的资金而并非完全依靠自有资金来开展跨界创业业务。在物质资源方面，由于新业务与原有业务的相关程度非常低，企业原有的技术或服务设备很难应用到新业务之中，此时需要引入新的设备来开展跨界创业活动。如果企业收购了所进入行业的企业，那么它可以保留原有企业的可用设备，也可以投入一定的资金重新购入新的设备来开展跨界新业务。在技术资源方面，企业原有的专有知识（如专利等）和相关管理经验很难应用到新行业的业务之中。正所谓隔行如隔山，企业此时就需要引入所进入行业的专业知识和管理经验等无形资源来满足新业务的发展需求。总之，充分探索企业外部的各类资源，让新资源为新业务所用是公司跨界创业新业务与原有业务相关程度较低情境下的最佳选择，企业可以通过这一战略有效地配置资源，取得跨界创业活动的成功。

2. 公司跨界创业的新业务与原有业务的相关程度较高，企业越倾向选择利用战略来配置资源

当跨界创业新业务与原有业务的相关程度较高时，企业就可以根据内部市场交易理论和资源基础观理论通过新旧业务的关联来共享原有资源，关联可以分为生产、市场、采购、技术和基础等有形关联，也包括知识、专有技术等无形关联。企业可以通过在关联涉及的业务单元之间建立横向的组织、管理、人力资源系统等机制来促进新业务单元利用和共享原有业务单元的资源。资源配置的利用战略的特征，就是企业可以充分利用原有的优势资源和核心优势来开展新业务，以原有资源为基础配置其他所需要的资源。根据内部市场交易理论，这样的战略方式能够降低企业的交易成本，提高资源配置效率，提高配置的科学性与合理性。

我们的实证研究数据支持了第 3 章研究假设，当新业务与原有业务的相关程

度较高时，企业实施利用战略有利于跨界创业新业务的开展。同探索战略一样，企业可以从人力、资金、物质和技术四个方面来实施资源配置的利用战略。①在人力资源方面，企业主要通过内部协调机制使用原有的技术或服务人员，其各级管理者也主要从企业内部选任。在市场环节方面，企业主要通过借助原有的供应商、销售商开展新业务，其营销人员也主要来自企业原有业务单元，首先通过企业原有的用户群来推广跨界新产品或服务。②在资金资源方面，企业会更多地依靠自有资金来开展跨界创业业务。③在物质资源方面，由于新业务与原有业务的相关程度较高，企业原有的技术或服务设备就可以应用到新业务之中，此时新业务单元就可以利用原有设备来开展跨界创业活动。当然，根据新业务的需要，企业也需要投入一定的资金重新购入新的设备来开展跨界新业务，因为新业务中必然会涉及企业原有业务单元不同的业务。④在技术资源方面，由于关联的存在，企业原有的专有知识（如专利等）和相关管理经验可以应用到新业务之中，为了节约交易成本，企业此时没有必要完全引入所进入行业的专业知识和管理经验等无形资源来满足新业务的发展需求。总之，充分利用企业内部的各类资源，尽可能地发挥原有资源的作用是公司跨界创业的新业务与原有业务相关程度较高情境下的不二选择，企业可以通过这一战略降低交易成本，提高资源配置效率。

5.3.2　公司跨界创业资源配置战略选择的结果讨论

根据企业面临的不同程度的内部资源配置障碍，选择不同的资源配置战略是企业开展跨界创业活动的内部资源保障。

企业在充分分析开展跨界创业活动会面临的资源配置障碍的基础上，就要根据障碍的大小采取合理的战略来配置跨界新业务所需要的各种资源。本章研究通过多案例分析，探索了公司开展跨界创业活动的新业务与原有业务的相关程度不同时，企业应该选择资源配置的利用战略或探索战略来克服资源配置障碍。

当企业跨界创业的新业务与原有业务之间的相关程度比较高时，企业应该以自身资源为核心来配置资源，充分利用内部资源开展跨界创业活动。跨界新业务应该主要依靠企业原有的技术或服务人员，共享原有业务单元的营销人员，主要的管理者也更多地从企业内部调用或者由其他业务单元的管理人员兼任。在资金方面，新事业尽可能地依靠企业的自有资金来组织生产经营活动。另外，跨界新业务所需要的生产设备等硬件设施尽可能和其他相关业务单元共享。所需要的专利等专有知识，也应该首先考虑企业已有的专利是否能够满足新业务需求，如果需要补充专有知识也应首先考虑利用内部的技术力量。

反之，如果企业跨界新业务与原有业务之间的相关程度比较低时，企业就很难通过内部资本市场来获取所需要的资源。此时企业需要探索新的资源，可以通过收购或者合作的方式在外部搜寻跨界新业务所需要的各种资源。例如，通过收购的方式保留被收购企业的核心技术人员、管理者和营销人员，也可以重新聘任具有新业务经验的相关人员。在资金方面，企业可以通过合作或融资的方式引入新的资金。对于新业务所需要的生产或服务设备，企业也需要通过收购等方式引入新的硬件设施。由于新业务是企业从未涉及的业务，因此原有的专业知识很难运用到新业务中，此时企业需要从外部引入新的专利等无形资源来满足新业务的需要。

总之，企业需要根据跨界新业务和原有业务的相关程度，来选择适宜的资源配置战略。当业务相关程度比较高时，企业选择利用战略，通过更多地共享内部的人力、资金、物质和技术资源来提高企业原有核心竞争力的价值，降低交易成本，提高资源配置的效率。当业务相关程度比较低时，利用原有的资源反而会面临更高的成本投入，此时企业应该选择探索战略来寻找新的人力、资金、物质和技术资源。实施探索战略可以使企业更迅速地建立跨界新业务所需要的资源集合，提高资源配置的有效性和可靠性。

5.4　公司跨界创业战略组合选择的结果分析与讨论

5.4.1　公司跨界创业战略组合选择的结果分析

当企业同时考虑跨界创业所进入的行业差异和业务关联程度的差异时，为了能够很好地平衡环境变化和内部资源配置之间的关系，根据权变理论，企业应当根据不同的外部环境和内部情境进行跨界创业战略的组合与选择。权变理论是分析环境因素和管理因素的内在关系与互动关系的理论，它的精髓就在于企业可以在外部环境变量和内部管理变量之间找到一种互动平衡，也是双元思想的体现。我们认为在公司跨界创业过程中，在面临内外部障碍的约束下进行战略组合的合理选择，就是要使外部制度环境要素和内部行为要素在互动过程中达到一种协调平衡状态。然而现有的研究中有些学者站在外部制度环境的视角研究跨界创业问题，也有学者站在内部战略行为的视角分析，很少能够结合这两方面的因素进行综合分析。我们根据这一理论缺口，通过多案例的探索性分析来解决跨界创业活动中制度环境变量和管理行为变量的互动问题，得出跨入不同行业进行不同关联程度的公司跨界创业行为的战略组合。

我们的案例研究结果表明，公司开展跨界创业活动时，既要考虑所进入行业的差异又要考虑业务关联程度进行恰当的战略组合选择。

（1）公司跨入传统行业进行业务高相关跨界创业时，选择稳妥型战略组合能够获得更高的绩效。当企业跨入传统行业进行业务关联程度较高的跨界创业时，面临的外部制度环境压力较大，合法性门槛较高。此时为了跨越高合法性门槛，企业应采取依从战略来获取合法性。当新业务与原有业务的关联程度较高时，面临的资源配置障碍较小，企业可以通过利用战略来共享原有的资源进而达到资源的合理有效配置的目的。因此，在高合法性门槛、低资源配置障碍的情境下，采用依从+利用的稳妥型战略组合能够达到最大限度地提升企业绩效的目的。稳妥型战略组合的特征，就是对外依从于所进入行业的规制、规范和认知制度环境，对内充分共享企业原有人力、资金、物质和技术资源，企业实施这样的战略组合可以达到外部环境变量和内部管理战略变量的有效平衡。

（2）公司跨入传统行业进行业务低相关跨界创业时，选择渐进型战略组合能够获得更高的绩效。当企业跨入传统行业进行业务关联程度较低的跨界创业时，面临的外部制度环境压力仍然较大，合法性门槛较高。此时为了跨越高合法性门槛，企业应采取依从战略来获取合法性。当新业务与原有业务的关联程度较低时，面临的资源配置障碍较大，企业无法通过利用战略来共享原有资源，只能通过探索战略来实现资源的合理有效配置。因此，在高合法性门槛、高资源配置障碍情境下，采用依从+探索的渐进型战略组合能够达到最大限度地提升企业绩效的目的。渐进型战略组合的特征，就是对外依从于所进入行业的规制、规范和认知制度环境，对内需要通过收购、合作等方式探索新的人力、资金、物质和技术资源，企业实施这样的战略组合可以达到外部环境变量和内部管理战略变量的有效平衡。

（3）公司跨入新兴行业进行业务高相关跨界创业时，选择积极型战略组合能够获得更高的绩效。当企业跨入新兴行业进行业务关联程度较高的跨界创业时，面临的外部制度环境压力较小，合法性门槛较低。此时，企业可以通过采取创造战略来获取新业务的合法性。当新业务与原有业务的关联程度较高时，面临的资源配置障碍较小，企业可以通过利用战略来共享原有的资源进而达到资源的合理有效配置的目的。因此，在低合法性门槛、低资源配置障碍情境下，采用创造+利用的积极型战略组合能够达到最大限度地提升企业绩效的目的。积极型战略组合的特征，就是对外创造所进入行业的新的规制、规范和认知制度环境，对内充分共享企业原有的人力、资金、物质和技术资源，企业实施这样的战略组合可以达到外部环境变量和内部管理战略变量的有效平衡。

（4）公司跨入新兴行业进行业务低相关跨界创业时，选择突破型战略组合能够获得更高的绩效。当企业跨入新兴行业进行业务关联程度较低的跨界创业时，面临的外部制度环境压力较小，合法性门槛较低。此时企业可以通过采取创造战略，来获取新业务的合法性。当新业务与原有业务的关联程度较低时，企业面临的资源配置障碍较大，企业无法通过利用战略来共享原有资源，只能通过探索战略来实现资源的合理有效配置。因此，在低合法性门槛、高资源配置障碍情境下，采用创造+探索的突破型战略组合能够达到最大限度地提升企业绩效的目的。突破型战略组合的特征，就是对外创造所进入行业的新的规制、规范和认知制度环境，对内通过收购、合作等方式探索新的人力、资金、物质和技术资源，企业实施这样的战略组合可以达到外部环境变量和内部管理战略变量的有效平衡。

我们的大样本实证研究数据，支持了业务相关程度较高的两个战略组合选择战略的假设命题，而业务相关程度较低的两个假设命题没有获得支持。当公司跨界创业的新业务与原有业务的相关程度较低时，无论是跨入传统行业还是新兴行业，企业都很难通过渐进型战略组合或突破型战略组合来获得更高的绩效，战略组合的中介效果没能获得数据的支持。本书研究认为，造成这两个假设命题没有获得支持的原因可能是以下几方面。

（1）当公司跨界创业的新业务与原有业务的相关程度较低时，企业很难运用原有的人力、资金、物质和技术资源，此时企业需要探索新的资源来满足跨界创业活动的需要。然而无论是跨入传统行业还是新兴行业，任何一个企业都希望对新业务单元形成一种较为稳定的委托代理关系（Nohria and Ghoshal，1994），最大限度地实现对新业务的控制。实践中，企业一般会采用收购或合作的方式开展业务相关程度较低的跨界新业务，新业务的大部分管理人员和技术人员来自企业外部，但是企业一般会派遣最高管理者（如总经理或财务总监）来负责跨界新业务。此时，来自企业外部的技术、物质等资源会无形之中按照最高管理者的经营和管理理念运转。特别是对中国企业而言，受传统官本位思想的影响，新事业的最高领导者的意志对于企业的内部运用发展起着绝对的影响作用（Schneider and de Meyer，1991），因此尽管许多跨界资源来自企业外部，但还是会按照企业原有的经营管理模式开展跨界新业务，并不能完全实现渐进型和突破型战略对于资源配置探索战略的要求。

（2）渐进型战略组合和突破型战略组合，企业需要承担的风险相对较高，需要企业能够配置资源的能力也比较强（Anderson and Gatignon，1986）。实践中，当企业的资本和影响力并不十分强大时，实施渐进型战略组合或突破型战略组合所造成的风险企业很难承担。此时企业可能会选择风险性相对较小或者对于企业的资源能力相对要求较低的战略模式来开展跨界创业活动。因此，对于跨入传统行业进行业务相关程度较低的跨界创业活动时选择渐进型战略组合，或者跨入新兴行业进行业务相关程度较低的跨界创业活动选择突破型战略组合，往往可能是一种理论模式。企业的生产经营实践会受到很多诸如组织结构、管理模式和规章制度等方面的约束，因此渐进型战略组合特别是突破型战略组合往往是一种需要创业者有着极强的冒险精神、需要强大的经济基础做支撑的孤注一掷型战略模式，因而会在实践中面临被否定。

（3）有学者的研究表明，公司开展业务相关程度较低的跨界创业活动对绩效的作用结果往往具有时间上的滞后性（Li and Tallman，2011）。资源配置战略在这一作用过程中能够发挥作用也受到企业所处的生命周期的影响（杨艳等，2012），只有企业发展到了成熟阶段低业务相关程度的跨界创业活动对绩效的正向作用才能得到充分的体现。而在本书研究的大样本数据中，大部分的企业跨界创业活动的开展时间都较短，仍然处于新业务的发展阶段，因此当企业实施渐进型战略组合或突破型战略组合时，其对整合视角下的绩效作用的中介影响不能够充分体现。同时，受到研究问题和情境的限制，我们收集到的跨入传统行业或新兴行业进行业务相关程度较低的公司跨界创业活动的样本数量也相对较少，实践中能够具备进行相关跨界创业活动的企业需要具有较高的资源基础和能力，并且要求创业者具备高度的抵御创业风险的能力。因此，当企业的跨界业务开展时间相对较短，相关企业的样本数相对较少的情况下，案例研究得到的假设结论没能够获得数据分析的支持也在情理之中。

总之，企业应当根据外部行业的差异和内部业务关联程度差异的不同情境，实施恰当的战略组合以便最大限度地获取合法性并有效配置资源。创业者既要考虑理论的指导又要重视实践中的复杂情况，达到跨界创业内外部战略的匹配平衡，以便最大限度地提升企业跨界创业新事业的绩效，取得跨界活动的成功。

5.4.2　公司跨界创业战略组合选择的结果讨论

针对跨界新业务跨入的行业类型和业务相关程度的共同作用，选择合理的内外部战略组合是公司跨界创业活动取得高绩效的关键。

企业在开展跨界创业的过程中，要充分考虑内外部挑战的共同作用，既要克服内部资源配置的障碍又要获得来自外部制度的接受和认可。当企业进入不同类型的行业开展业务关联程度不同的跨界创业活动时，要根据内外部双重因素来选择合理的战略组合，这样才可以使企业获得更高的绩效回报，保持企业的可持续竞争优势，本书研究为企业的具体实践提供了切实可行的理论指导。

企业跨入传统行业进行业务关联程度较高的跨界创业活动，选择依从+利用的稳妥型战略组合可以更好地获取合法性并有效配置资源；企业跨入新兴行业进行业务关联程度较高的跨界创业活动，选择创造+利用的积极型战略组合可以更好地获取合法性并有效配置资源。而企业跨入传统行业进行业务关联程度较低的跨界创业活动，选择依从+探索的渐进型战略组合不一定可以获取合法性并有效配置资源；企业跨入新兴行业进行业务关联程度较低的跨界创业活动，选择创造+探索的稳妥型战略组合也不一定能够获取合法性并有效配置资源。

企业在开展跨界创业活动时，根据不同的情境进行合法化战略和资源配置战略组合的选择。对外可以跨越合法性门槛获得外部利益相关者的支持和认可，对内可以克服资源配置障碍合理有效地配置资源，降低成本提高产品或服务价值，获取较高的经营绩效。

综上，本章对本书案例研究的理论探索和数据分析结果进行了深入的讨论，包括公司跨界创业面临的内外部挑战，公司跨入不同行业的合法化战略选择，公司跨界创业不同业务关联程度的资源配置战略选择，以及公司跨入不同行业进行不同业务关联程度的跨界创业时的战略组合选择问题。厘清合法性门槛和资源配置障碍是开展公司跨界创业的前提和基础，企业需要根据所进入行业的合法性门槛来选择适当的合法化战略，同时需要根据新业务与原有业务关联程度的差异选择合理有效的资源配置战略。更重要的是，公司在开展跨界创业的时候，应该同时考虑外部制度环境因素和内部管理战略因素，实现两者的有效平衡。随后，本章对未通过的假设进行了深入的分析。公司开展跨界创业活动，根据不同的情境进行恰当的战略选择和组合是取得新业务成功的关键，企业应该不断提升依据情境开展创业活动的能力，只有这样才能够迅速地取得跨界创业活动的成功。

参考文献

陈晓萍，徐淑英，樊景立. 2008. 组织与管理研究的实证方法[M]. 北京：北京大学出版社.

戴维奇，林巧，魏江. 2011. 集群内外网络嵌入与公司创业——基于浙江省四个产业集群的实证研究[J]. 科学学研究，29（4）：571-581.

德鲁克 P. 2009. 21 世纪的管理挑战[M]. 朱雁斌译. 北京：机械工业出版社.

邓学军，夏洪胜. 2006. 企业家传奇、制度资本与竞争优势铸造：分析框架与例证[J]. 管理评论，（11）：30，48-53，64.

杜运周，任兵，张玉利. 2009. 新进入缺陷、合法化战略与新企业成长[J]. 管理评论，21（8）：57-65.

蒋春燕，孙秀丽. 2013. 公司创业研究综述[J].中大管理研究，8（1）：50-78.

康荣平，柯银斌. 1999. 核心能力论在中国的应用[J]. 科研管理，20（5）：1-5.

李玉刚，杜俊. 2008. 限制性行业中企业战略行为合法性的研究：以中国汽车行业为例[J]. 南开管理评论，9（4）：43-48.

路连芳，汤明. 2007. 组织合法性的探讨[J]. 辽宁行政学院学报，9（3）：85-86.

沈国梁，卢嘉. 2010. 跨界战[M]. 北京：机械工业出版社.

宋铁波，吴小节，汪秀琼. 2016. 制度差异，企业跨区域经营经验与市场进入模式[J]. 管理评论，28（4）：166-177.

孙俊华，陈传明. 2009. 企业家社会资本与公司绩效关系研究——基于中国制造业上市公司的实证研究[J]. 南开管理评论，12（2）：28-36.

吴晓波，董良. 2014. 吴晓波：中国经济巨变将在 2014 年发生[J].中国青年，（8）：58-59.

杨鑫，金占明，李鲲鹏. 2010. 多种行业因素与多元化战略的关系研究——基于中国上市公司的实证研究[J]. 南开管理评论，13（6）：41-49.

杨艳，赵娟娟，陈收. 2012. 不同发展阶段下多元化战略资源配置对企业绩效的影响——基于医药生物制造业上市公司经验数据[R]. 中国会计学会财务成本分会第 25 届理论研讨会.

曾楚宏，朱仁宏，李孔岳. 2008. 基于战略视角的组织合法性研究[J]. 外国经济与管理，30（2）：9-15.

张虎，田茂峰. 2007. 信度分析在调查问卷设计中的应用[J]. 统计与决策，（21）：25-27.

张金华. 2004. 以资源为基础的企业多元化战略[J]. 现代管理科学，（2）：56-57.

张卫国，袁芳，陈宇. 2002. 上市公司多元化战略与经济绩效关系实证分析[J]. 重庆大学学报（自然科学版），25（11）：135-139.

张玉利，李乾文. 2009. 公司创业导向、双元能力与组织绩效[J]. 管理科学学报，12(1): 137-152.

Ahlstrom D，Bruton G D. 2001. Learning from successful local private firms in China：Establishing legitimacy[J]. Academy of Management Executive，15（4）：72-83.

Ahlstrom D，Bruton G D，Yeh K S. 2008. Private firms in China：Building legitimacy in an emerging economy[J]. Journal of World Business，43（4）：385-399.

Aldrich H E，Fiol C M. 1994. Fools rush in? The institutional context of industry creation[J]. Academy of Management Review，19（4）：645-670.

Ambos T C，Mäkelä K，Birkinshaw J，et al. 2008. When does university research get commercialized? Creating ambidexterity in research institutions[J]. Journal of Management Studies，45（8）：1424-1447.

Anderson E，Gatignon H. 1986. Modes of foreign entry：a transaction cost analysis and propositions[J]. Journal of International Business Studies，17（3）：1-26.

Anderson J C，Gerbing D W. 1988. Structural equation modeling in practice：A review and recommended two-step approach[J]. Psychological Bulletin，103（3）：411-423.

Ansoff H I. 1965. Corporate Strategy: An Analytic Approach to Business Policy for Growth and Expansion[M]. New York: McGraw-Hill.

Antoncic B，Hisrich R D. 2001. Intrapreneurship：construct refinement and cross-cultural validation[J]. Journal of Business Venturing，16（5）：495-527.

Ashforth B E，Gibbs B W. 1990. The double-edge of organizational legitimation[J]. Organization Science，1（2）：121-212.

Austin J，Stevenson H，Wei-Skillern J. 2006. Social and commercial entrepreneurship：same，different，or both?[J]. Entrepreneurship Theory and Practice，30（1）：1-22.

Barad M，Dror S. 2008. Strategy maps as improvement paths of enterprises[J]. International Journal of Production Research，46（23）：6627-6647.

Barney J B. 2001. Is the resource-based "view" a useful perspective for strategic management research? Yes[J]. Academy of Management Review，26（1）：41-56.

Barney J B. 2002. Strategic management：from informed conversation to academic discipline[J]. Academy of Management Executive，16（2）：53-57.

Barney J B，Turk T A. 1994. Superior performance from implementing merger and acquisition strategies：a resource-based analysis[M]//von Krogh G，Sinatra A，Singh H. The Management of Corporate Acquisitions. Basingstroke：Palgrave Macmillan：105-127.

Benford R D，Snow D A. 2000. Framing processes and social movements：an overview and assessment[J]. Annual Review of Sociology，26（1）：611-639.

Berger P G，Ofek E. 1999. Causes and effects of corporate refocusing programs[J]. Review of Financial Studies，12（2）：311-345.

Bernard H R. 2011. Research Methods in Anthropology：Qualitative and Quantitative Approaches[M]. Maryland: Rowman Altamira.

Bettis R A. 1981. Performance differences in related and unrelated diversified firms[J]. Strategic Management Journal，2（4）：379-393.

Bitektine A. 2011. Toward a theory of social judgments of organizations：the case of legitimacy，reputation，and status[J]. Academy of Management Review，36（1）：151-179.

Brush C G，Greene P G，Hart M M. 2001. From initial idea to unique advantage：the entrepreneurial challenge of constructing a resource base[J]. The Academy of Management Executive，15（1）：64-78.

Burgelman R A. 1994. Fading memories：a process theory of strategic business exit in dynamic environments[J]. Administrative Science Quarterly，39（1）：24-56.

Capron L，Hulland J. 1999. Redeployment of brands，sales forces，and general marketing management expertise following horizontal acquisitions：a resource-based view[J].Journal of Marketing，63（2）：41-54.

Carney J，Watts M. 1990. Manufacturing dissent：work，gender and the politics of meaning in a peasant society[J]. Africa，60（2）：207-241.

Castanias R P，Helfat C E. 2001. The managerial rents model：theory and empirical analysis[J]. Journal of Management，27（6）：661-678.

Certo S T，Hodge F. 2007. Top management team prestige and organizational legitimacy：an examination of investor perceptions[J]. Journal of Managerial Issues，19（4）：461-477.

Chan C M，Makino S. 2007. Legitimacy and multi-level institutional environments：implications for foreign subsidiary ownership structure[J]. Journal of International Business Studies，38（4）：621-638.

Chandler G N，Hanks S H. 1998. An investigation of new venture teams in emerging businesses[J]. Frontiers of Entrepreneurship Research，10（6）：318-330.

Chatterjee S，Wernerfelt B. 1991. The link between resources and type of diversification：theory and evidence[J]. Strategic Management Journal，12（1）：33-48.

Cherardi S，Turner B. 2002. Real men don' t collect soft data[J]. The Qualitative Researcher' s Companion，16（3）：81-100.

Child J. 1972. Organizational structure，environment and performance：the role of strategic choice[J]. Sociology，6（1）：1-22.

Christensen H K，Montgomery C A. 1981. Corporate economic performance：diversification strategy versus market structure[J]. Strategic Management Journal，2（4）：327-343.

Coff R W. 1999. When competitive advantage doesn' t lead to performance：the resource-based view and stakeholder bargaining power[J]. Organization Science，10（2）：119-133.

Cook T D，Campbell D T，Day A. 1979. Quasi-experimentation：design & analysis issues for field settings[M]. Boston：Houghton Mifflin.

Covin J G，Miles M P. 1999. Corporate entrepreneurship and the pursuit of competitive advantage[J]. Entrepreneurship Theory and Practice，23（3）：47-63.

Covin J G，Slevin D P. 1989. Strategic management of small firms in hostile and benign environments[J]. Strategic Management Journal，10（1）：75-87.

Cummings J N，Kiesler S. 2005. Collaborative research across disciplinary and organizational boundaries[J]. Social Studies of Science，35（5）：703-722.

Dacin M T, Oliver C, Roy J P. 2007. The legitimacy of strategic alliances: an institutional perspective[J]. Strategic Management Journal, 28（2）: 169-187.

Damanpour F. 1991. Organizational innovation: a meta-analysis of effects of determinants and moderators[J]. Academy of Management Journal, 34（3）: 555-590.

Davis R, Thomas L G. 1993. Direct estimation of synergy: a new approach to the diversity-performance debate[J]. Management Science, 39（11）: 1229-1438.

de Bruin A, Brush C G, Welter F. 2007. Advancing a framework for coherent research on women' s entrepreneurship[J]. Entrepreneurship Theory and Practice, 31（3）: 323-339.

Delios A, Beamish P W. 1999. Geographic scope, product diversification, and the corporate performance of Japanese firms[J]. Strategic Management Journal, 20（8）: 711-727.

Delmar F, Shane S. 2004. Legitimating first: organizing activities and the survival of new ventures[J]. Journal of Business Venturing, 19（3）: 385-410.

Dess G G, Ireland R D, Zahra S A, et al. 2003. Emerging issues in corporate entrepreneurship[J]. Journal of Management, 29（3）: 351-378.

Dikova D. 2009. Performance of foreign subsidiaries: does psychic distance matter?[J]. International Business Review, 18（1）: 38-49.

DiMaggio P J, Powell W W. 1983. The iron cage revisited: institutional isomorphism and collective rationality in organizational fields[J]. American Sociological Review, 48（2）: 147-160.

Dowling J, Pfeffer J. 1975. Organizational legitimacy: social values and organizational behavior[J]. Pacific Sociological Review, 18（1）: 122-136.

Drori I, Honig B. 2013. A process model of internal and external legitimacy[J]. Organization Studies, 34（3）: 345-376.

Eisenhardt K M. 1989. Agency theory: an assessment and review[J]. Academy of Management Review, 14（1）: 57-74.

Eisenhardt K M, Graebner M E. 2007. Theory building from cases: opportunities and challenges[J]. Academy of Management Journal, 50（1）: 25-32.

Elsbach K D. 1994. Managing organizational legitimacy in the California cattle industry: the construction and effectiveness of verbal accounts[J]. Administrative Science Quarterly, 39（1）: 57-88.

Elsbach K D, Sutton R I. 1992. Acquiring organizational legitimacy through illegitimate actions: a marriage of institutional and impression management theories[J]. Academy of Management Journal, 35（4）: 699-738.

Emirbayer M, Goodwin J. 1994. Network analysis, culture, and the problem of agency[J]. American Journal of Sociology, 99（6）: 1411-1454.

Farjoun M. 1994. Beyond industry boundaries: human expertise, diversification and resource-related industry groups[J]. Organization Science, 5（2）: 121-287.

Farjoun M. 1998. The independent and joint effects of the skill and physical bases of relatedness in diversification[J]. Strategic Management Journal, 19（7）: 611-630.

Fayolle A, Basso O, Bouchard V. 2010. Three levels of culture and firms' entrepreneurial orientation:

a research agenda[J]. Entrepreneurship and Regional Development，22（7/8）：707-730.

Fernhaber S A，Patel P C. 2012. How do young firms manage product portfolio complexity? The role of absorptive capacity and ambidexterity[J]. Strategic Management Journal，33（13）：1516-1539.

Fligstein N. 1991. The structural transformation of American industry：an institutional account of the causes of diversification in the largest firms[J]. Organizational Analysis，311（8）：1919-1979.

Fornell C，Larcker D F. 1981. Evaluating structural equation models with unobservable variables and measurement error[J]. Journal of Marketing Research，18（1）：39-50.

Freeman J，Hannan M T. 1989. Setting the record straight on organizational ecology：rebuttal to young[J]. American Journal of Sociology，95（2）：425-439.

Gaur A S，Delios A，Singh K. 2007. Institutional environments，staffing strategies，and subsidiary performance[J]. Journal of Management，33（4）：611-636.

Glaser B G，Strauss A L. 1967. The Discovery of Grounded Theory[M]. New York：Aldine de Gruyter.

Goes J B，Park S H. 1997. Interorganizational links and innovation：the case of hospital services[J]. Academy of Management Journal，40（3）：673-696.

Gómez-Haro S，Aragón-Correa J A，Cordón-Pozo E. 2011. Differentiating the effects of the institutional environment on corporate entrepreneurship[J]. Management Decision，49（10）：1677-1693.

Grant R M. 1991. The resource-based theory of competitive advantage：implications for strategy formulation[J]. California Management Review，33（3）：114-135.

Greenwood R，Raynard M，Kodeih F，et al. 2011. Institutional complexity and organizational responses[J]. The Academy of Management Annals，5（1）：317-371.

Guth W D，Ginsberg A. 1990. Guest editors' introduction：corporate entrepreneurship[J]. Strategic Management Journal，11（1）：5-15.

Hagedoorn J. 2006. Understanding the cross-level embeddedness of interfirm partnership formation[J]. Academy of Management Review，31（3）：670-680.

Hayes R H，Wheelwright S C. 1984. Restoring our competitive edge：competing through manufacturing[J]. Journal of Marketing Research，29（3）：351-378.

Heide J B. 1994. Interorganizational governance in marketing channels[J]. Journal of Marketing，58（1）：71-85.

Herriott R E，Firestone W A. 1983. Multisite qualitative policy research：optimizing description and generalizability[J]. Educational Researcher，12（2）：14-19.

Hitt M A，Biermant L，Shimizu K，et al. 2001a. Direct and moderating effects of human capital on strategy and performance in professional service firms：a resource-based perspective[J]. Academy of Management Journal，44（1）：13-28.

Hitt M A，Gimeno J，Hoskisson R E. 1998. Current and future research methods in strategic management[J]. Organizational Research Methods，1（1）：6-44.

Hitt M A，Ireland R D，Camp S M，et al. 2001b. Strategic entrepreneurship：entrepreneurial strategies for wealth creation[J]. Strategic Management Journal，22（6/7）：479-491.

Hoang H, Antoncic B. 2003. Network-based research in entrepreneurship: a critical review[J]. Journal of Business Venturing, 18（2）: 165-187.

Homburg C, Bucerius M. 2005. A marketing perspective on mergers and acquisitions: how marketing integration affects postmerger performance[J]. Journal of Marketing, 69（1）: 95-113.

Hornsby J S, Kuratko D F, Montagno R V. 1999. Perception of internal factors for corporate entrepreneurship: a comparison of Canadian and US managers[J]. Entrepreneurship Theory and Practice, 24（2）: 9-24.

Hornsby J S, Kuratko D F, Shepherd D A, et al. 2009. Managers' corporate entrepreneurial actions: examining perception and position[J]. Journal of Business Venturing, 24（3）: 236-247.

Hornsby J S, Kuratko D F, Zahra S A. 2002. Middle managers' perception of the internal environment for corporate entrepreneurship: assessing a measurement scale[J]. Journal of Business Venturing, 17（3）: 253-273.

Ireland R D, Hitt M A, Sirmon D G. 2003. A model of strategic entrepreneurship: the construct and its dimensions[J]. Journal of Management, 29（6）: 963-989.

Jennings D F, Lumpkin J R. 1989. Functioning modeling corporate entrepreneurship: an empirical integrative analysis[J]. Journal of Management, 15（3）: 485-502.

Johanson J, Vahlne J E. 1977. The internationalization process of the firm—a model of knowledge development and increasing foreign market commitments[J]. Journal of International Business Studies, 8（1）: 23-32.

John O P, Srivastava S. 1999. The Big Five trait taxonomy: history, measurement, and theoretical perspectives[J]. Handbook of personality: Theory and Research, 2（510）: 102-138.

Johnson C, Dowd T J, Ridgeway C L. 2006. Legitimacy as a social process[J]. Annual Review of Sociology, 32（1）: 53-78.

Katkalo V S, Pitelis C N, Teece D J. 2010. Introduction: on the nature and scope of dynamic capabilities[J]. Industrial and Corporate Change, 19（4）: 1175-1186.

Kelley L A, Sternberg M J E. 2009. Protein structure prediction on the Web: a case study using the Phyre server[J]. Nature Protocols, 4（3）: 363-371.

Khaire M. 2010. Young and no money? Never mind: the material impact of social resources on new venture growth[J]. Organization Science, 21（1）: 168-185.

Khanna T, Palepu K. 1997. Why focused strategies may be wrong for emerging markets[J]. Harvard Business Review, 75（4）: 41-48.

Kochhar R, Hitt M A. 1998. Linking corporate strategy to capital structure: diversification strategy, type and source of financing[J]. Strategic Management Journal, 19（6）: 601-610.

Kostova T. 1997. Country institutional profiles: concept and measurement[J] Academy of Management Proceedings,（1）: 180-184.

Kostova T, Roth K. 2002. Adoption of an organizational practice by subsidiaries of multinational corporations: institutional and relational effects[J]. Academy of Management Journal, 45（1）: 215-233.

Kostova T, Zaheer S. 1999. Organizational legitimacy under conditions of complexity: the case of the

multinational enterprise[J]. Academy of Management Review, 24（1）: 64-81.
Kotha S, Orne D. 1989. Generic manufacturing strategies: a conceptual synthesis[J]. Strategic Management Journal, 10（3）: 211-231.
Kuczmarskl T D. 2001. Five fatal flaws of innovation metrics[J]. Marketing Management, 10（1）: 1-34.
Kuratko D F, Audretsch D B. 2009. Strategic entrepreneurship: exploring different perspectives of an emerging concept[J]. Entrepreneurship Theory and Practice, 33（1）: 1-17.
Kuratko D F, Hornsby J S, McMullen J S. 2011. Corporate entrepreneurship with a purpose: exploring the antecedents to social business[J]. Academy of Management Proceedings,（1）: 1-6.
Kuratko D F, Montagno R V, Hornsby J S. 1990. Developing an intrapreneurial assessment instrument for an effective corporate entrepreneurial environment[J]. Strategic Management Journal, 11（5）: 49-58.
Lawrence T B, Hardy C, Phillips N. 2002. Institutional effects of interorganizational collaboration: the emergence of proto-institutions[J]. Academy of Management Journal, 45（1）: 281-290.
Lazaric N, Longhi C, Thomas C. 2008. Gatekeepers of knowledge versus platforms of knowledge: from potential to realized absorptive capacity[J]. Regional Studies, 42（6）: 837-852.
Leifer R P, Huber G P. 1976. Perceived environmental uncertainty, organization structure and boundary spanning behavior[J].Academy of Management Proceedings,（1）: 233-238.
Li S L, Tallman S. 2011. MNC strategies, exogenous shocks, and performance outcomes[J]. Strategic Management Journal, 32（10）: 1119-1127.
Lincoln Y S, Guba E G. 1985. Naturalistic inquiry[M]. London: SAGE Publication.
Ling Y, Simsek Z, Lubatkin M H, et al. 2008. Transformational leadership' s role in promoting corporate entrepreneurship: examining the CEO-TMT interface[J]. Academy of Management Journal, 51（3）: 557-576.
Lounsbury M, Glynn M A. 2001. Cultural entrepreneurship: stories, legitimacy, and the acquisition of resources[J]. Strategic Management Journal, 22（6/7）: 545-564.
Lu J W, Xu D. 2006. Growth and survival of international joint ventures: an external-internal legitimacy perspective[J]. Journal of Management, 32（3）: 426-448.
Lubatkin M, Chatterjee S. 1994. Extending modern portfolio theory into the domain of corporate diversification: does it apply?[J]. Academy of Management Journal, 37（1）: 109-136.
Lumpkin G T, Dess G G. 2001. Linking two dimensions of entrepreneurial orientation to firm performance: the moderating role of environment and industry life cycle[J]. Journal of Business Venturing, 16（5）: 429-451.
Luo X M, Zhou L X, Liu S S. 2005. Entrepreneurial firms in the context of China's transition economy: an integrative framework and empirical examination[J]. Journal of Business Research, 58（3）: 277-284.
Luo Y D, Tung R L. 2007. International expansion of emerging market enterprises: a springboard perspective[J]. Journal of International Business Studies, 38（4）: 481-498.
Markides C C, Williamson P J. 1994. Related diversification, core competences and corporate

performance[J]. Strategic Management Journal，15：149-165.
Maula M J，Keil T，Zahra S A. 2003. Corporate venture capital and recognition of technological discontinuities[C]. Academy of Management Annual Meeting.
Maula M V J，Autio E，Murray G C. 2009. Corporate venture capital and the balance of risks and rewards for portfolio companies[J]. Journal of Business Venturing，24（3）：274-286.
Maurer J G. 1971. Readings in Organization Theory：Open-System Approaches[M]. New York: Random House.
Meyer J W，Rowan B. 1977. Institutionalized organizations：formal structure as myth and ceremony[J]. American Journal of Sociology，83（2）：340-363.
Meyer J W，Rowan B，Powell W W，et al. 1991. The new institutionalism in organizational analysis[J]. Organizational Analysis，15（2）：241-265.
Meyer J W，Scott W R. 1983. Centralization and the legitimacy problems of local government[J]. Organizational Environments：Ritual and Rationality，83（2）：199-215.
Miles M P，Covin J G. 2002. Exploring the practice of corporate venturing：some common forms and their organizational implications[J]. Entrepreneurship Theory and Practice，26（3）：21-40.
Miller D. 1983. The correlates of entrepreneurship in three types of firms[J]. Management Science，29（7）：757-868.
Narayanan A，Shmatikov V. 2009. De-anonymizing social networks[R].2009 30th IEEE symposium on security and privacy.
Navis C，Glynn M A. 2011. Legitimate distinctiveness and the entrepreneurial identity：influence on investor judgments of new venture plausibility[J]. Academy of Management Review，36（3）：479-499.
Nayyar P R. 1992. On the measurement of corporate diversification strategy：evidence from large US service firms[J]. Strategic Management Journal，13（3）：219-235.
Newbert S L. 2007. Empirical research on the resource-based view of the firm：an assessment and suggestions for future research[J]. Strategic Management Journal，28（2）：121-146.
Nohria N，Ghoshal S. 1994. Differentiated fit and shared values：alternatives for managing headquarters-subsidiary relations[J]. Strategic Management Journal，15（6）：491-502.
North D C. 1990. Institutions，institutional change and economic performance[M]. Cambridge：Cambridge University Press.
Nunnally J. 1978. Psychometric methods[J]. Management Science，36（3）：479-499.
O'Leary-Kelly S W，Flores B E. 2002. The integration of manufacturing and marketing/sales decisions：impact on organizational performance[J]. Journal of Operations Management，20（3）：221-240.
Oliver C. 1990. Determinants of interorganizational relationships：integration and future directions[J]. Academy of Management Review，15（2）：241-265.
Oliver R L. 1981. Measurement and evaluation of satisfaction processes in retail settings[J]. Journal of Retailing，57（3）：25-48.
Palich L E，Carini G R，Seaman S L. 2000. The impact of internationalization on the diversification–

performance relationship：a replication and extension of prior research[J]. Journal of Business Research，48（1）：43-54.

Pehrsson A. 2006. Business relatedness measurements：state-of-the-art and a proposal[J]. European Business Review，18（5）：350-363.

Peng M W. 2003. Institutional transitions and strategic choices[J]. Academy of Management Review，28（2）：275-296.

Peng M W，Lee S H，Wang D Y L. 2005. What determines the scope of the firm over time? A focus on institutional relatedness[J]. Academy of Management Review，30（3）：622-633.

Penrose E T. 1959. The theory of the growth of the firm[M]. New York：Sharpe.

Pfeffer J，Salancik G R. 2003. The External Control of Organizations：A Resource Dependence Perspective[M]. Palo Alto：Stanford University Press.

Phan P H，Wright M，Ucbasaran D，et al. 2009. Corporate entrepreneurship：current research and future directions[J]. Journal of Business Venturing，24（3）：197-205.

Porter M E. 1991. Towards a dynamic theory of strategy[J]. Strategic Management Journal，12（S2）：95-117.

Porter M E. 1996. What is strategy?[J]. Harvard Business Review, 74：61-78.

Porter M E. 1998. Cluster and the new economics of competition[J]. Marketing Management，10（3）：96-124.

Powell T C. 2001. Competitive advantage：logical and philosophical considerations[J]. Strategic Management Journal，22（9）：875-888.

Powers J B，McDougall P P. 2005. University start-up formation and technology licensing with firms that go public：a resource-based view of academic entrepreneurship[J]. Journal of Business Venturing，20（3）：291-311.

Prajogo D I，Sohal A S. 2006. The relationship between organization strategy，total quality management （TQM），and organization performance—the mediating role of TQM[J]. European Journal of Operational Research，168（1）：35-50.

Rein M，Schon D. 1977. Problem setting in policy research[M]//Weiss C. Using Social Research in Public Policy Making. Lexington：DC Health and Company：235-251.

Rumelt R P. 1974. Strategy，structure，and economic performance[J]. Organization Science，9（6）：525-541.

Salvato C. 2009. Capabilities unveiled：the role of ordinary activities in the evolution of product development processes[J]. Organization Science，20（2）：281-480.

Santos F M，Eisenhardt K M. 2009. Constructing markets and shaping boundaries：entrepreneurial power in nascent fields[J]. Academy of Management Journal，52（4）：643-671.

Sarkar M B，Echambadi R A J，Harrison J S. 2001. Alliance entrepreneurship and firm market performance[J]. Strategic Management Journal，22（6/7）：701-711.

Schindehutte M，Morris M H，Kocak A. 2008. Understanding market-driving behavior：the role of entrepreneurship[J]. Journal of Small Business Management，46（1）：4-26.

Schneider S C，de Meyer A. 1991. Interpreting and responding to strategic issues：the impact of national culture[J]. Strategic Management Journal，12（4）：307-320.

Scott W R. 1987. The adolescence of institutional theory[J]. Administrative Science Quarterly，32（4）：493-511.

Scott W R. 1995. Institutions and Organizations[M].London：SAGE Publication.

Shane S，Venkataraman S. 2000. The promise of entrepreneurship as a field of research[J]. Academy of Management Review，25（1）：217-226.

Sherer P D，Lee K. 2002. Institutional change in large law firms：a resource dependency and institutional perspective[J]. Academy of Management Journal，45（1）：102-119.

Siggelkow N. 2007. Persuasion with case studies[J]. Academy of Management Journal，50（1）：20-24.

Simsek Z，Lubatkin M H，Floyd S W. 2003. Inter-firm networks and entrepreneurial behavior：a structural embeddedness perspective[J]. Journal of Management，29（3）：427-442.

Singh J V，Tucker D J，House R J. 1986. Organizational legitimacy and the liability of newness[J]. Administrative Science Quarterly，31（2）：171-193.

Sirmon D G，Hitt M A，Ireland R D. 2007. Managing firm resources in dynamic environments to create value：looking inside the black box[J]. Academy of Management Review，32（1）：273-292.

Spencer M，Cox J F III. 1994. Sales and manufacturing coordination in repetitive manufacturing：characteristics and problems[J]. International Journal of Production Economics，37（1）：73-81.

Srivastava A，Lee H. 2005. Predicting order and timing of new product moves：the role of top management in corporate entrepreneurship[J]. Journal of Business Venturing，20（4）：459-481.

Stam W，Elfring T. 2008. Entrepreneurial orientation and new venture performance：the moderating role of intra-and extraindustry social capital[J]. Academy of Management Journal，51（1）：97-111.

Stimpert J L，Duhaime I M. 1997. Seeing the big picture：the influence of industry，diversification，and business strategy on performance[J]. Academy of Management Journal，40（3）：560-583.

Stinchcombe A L，March J G. 1965. Social structure and organizations[J]. Advances in Strategic Management，17（6）：229-259.

Suchman M C. 1995. Managing legitimacy：strategic and institutional approaches[J]. Academy of Management Review，20（3）：571-610.

Tanriverdi H，Venkatraman N. 2005. Knowledge relatedness and the performance of multibusiness firms[J]. Strategic Management Journal，26（2）：97-119.

Teece D J. 1982. Towards an economic theory of the multiproduct firm[J]. Journal of Economic Behavior & Organization，3（1）：39-63.

Teece D J，Pisano G，Shuen A. 1997. Dynamic capabilities and strategic management[J]. Strategic Management Journal，18（7）：509-533.

Teng B S. 2007. Corporate entrepreneurship activities through strategic alliances：a resource-based approach toward competitive advantage[J]. Journal of Management Studies，44（1）：119-142.

Terreberry S. 1968. The evolution of organizational environments[J]. Administrative Science Quarterly，12（4）：590-613.

Thompson J D，McEwen W J. 1958. Organizational goals and environment：goal-setting as an interaction process[J]. American Sociological Review, 23（1）：23-31.

Tolstoy D. 2009. Knowledge combination and knowledge creation in a foreign-market network[J]. Journal of Small Business Management, 47（2）：202-220.

Tsai W. 2001. Knowledge transfer in intraorganizational networks：effects of network position and absorptive capacity on business unit innovation and performance[J]. Academy of Management Journal, 44（5）：996-1004.

Tyebjee T T, Bruno A V. 1984. Venture capital：investor and investee perspectives[J]. Technovation, 2（3）：185-208.

Überbacher F. 2014. Legitimation of new ventures：a review and research programme[J]. Journal of Management Studies, 51（4）：667-698.

Ulrich D, Barney J B. 1984. Perspectives in organizations：resource dependence, efficiency, and population[J]. Academy of Management Review, 9（3）：471-481.

Weber K, Heinze K L, DeSoucey M. 2008. Forage for thought：mobilizing codes in the movement for grass-fed meat and dairy products[J]. Administrative Science Quarterly, 53（3）：529-567.

Wegloop P. 1995. Linking firm strategy and government action：towards a resource-based perspective on innovation and technology policy[J]. Technology in Society, 17（4）：413-428.

Wengraf T. 2001. Qualitative Research Interviewing：Biographic Narrative and Semi-Structured Methods[M]. London：SAGE Publication.

Wernerfelt B. 1984. A resource-based view of the firm[J]. Strategic Management Journal, 5（2）：171-180.

Wiersema M F, Bowen H P. 2008. Corporate diversification：the impact of foreign competition, industry globalization, and product diversification[J]. Strategic Management Journal, 29（2）：115-132.

Williamson O E. 1975. Markets and Hierarchies：Analysis and Antitrust Implications[M]. New York, The Free Press.

Williamson O E, Winter S G. 1993. The nature of the firm：origins, evolution, and development[M]. New York：Oxford University Press.

Winter S G. 2000. The satisficing principle in capability learning[J]. Strategic Management Journal, 21（10/11）：981-996.

Winter-Nelson A, Amegbeto K. 1998. Option values to conservation and agricultural price policy：application to terrace construction in Kenya[J]. American Journal of Agricultural Economics, 80（2）：409-418.

Wry T, Lounsbury M, Glynn M A. 2011. Legitimating nascent collective identities：coordinating cultural entrepreneurship[J]. Organization Science, 22（2）：449-463.

Xu D, Pan Y, Beamish P W. 2004. The effect of regulative and normative distances on MNE ownership and expatriate strategies[J]. Management International Review, 44（3）：285-307.

Xu D, Shenkar O. 2002. Note：institutional distance and the multinational enterprise[J]. Academy of Management Review, 27（4）：608-618.

Yin H H, Knowlton B J, Balleine B W. 2004. Lesions of dorsolateral striatum preserve outcome expectancy but disrupt habit formation in instrumental learning[J]. European Journal of Neuroscience，19（1）：181-189.

Yiu D W，Lau C M. 2008. Corporate entrepreneurship as resource capital configuration in emerging market firms[J]. Entrepreneurship Theory and Practice，32（1）：37-57.

Zahra S A. 1986. A cannonical analysis of corporate entrepreneurship antecedents and impact on performance[J]. Academy of Management Proceedings，（1）：71-75.

Zahra S A. 1993. Environment，corporate entrepreneurship，and financial performance：a taxonomic approach[J]. Journal of Business Venturing，8（4）：319-340.

Zahra S A，Dess G G. 2001. Entrepreneurship as a field of research：encouraging dialogue and debate[J]. Academy of Management Review，26（1）：8-10.

Zahra S A，Gedajlovic E，Neubaum D O，et al. 2009. A typology of social entrepreneurs：motives，search processes and ethical challenges[J]. Journal of Business Venturing，24（5）：519-532.

Zahra S A，Ireland R D，Hitt M A. 2000. International expansion by new venture firms：international diversity，mode of market entry，technological learning，and performance[J]. Academy of Management Journal，43（5）：925-950.

Zimmerman M A，Zeitz G J. 2002. Beyond survival：achieving new venture growth by building legitimacy[J]. Academy of Management Review，27（3）：414-431.

Zott C，Huy Q N. 2007. How entrepreneurs use symbolic management to acquire resources[J]. Administrative Science Quarterly，52（1）：70-105.

附　　录

亲爱的女士／先生：

您好！受教育部人文社科基金、国家自然科学基金支持，本问卷针对贵企业跨界创业情况、企业行为及经营绩效等情况进行调查。感谢您能抽出宝贵的时间填写此问卷。本问卷完全用于科学研究，并有助于增进管理领域的知识，非常希望您能填写问卷的全部问题。您也可以在问卷后面的空白部分发表评论。我们郑重承诺，将会对所有调研获得的数据进行保密。研究完成后，我们会将结果发送给您。您的联系方式是：

联系人：　　　　　　　　联系电话：　　　　　　　　邮箱：

请根据您对创业者的了解并结合贵公司的情况填写（1 题项中，1 代表是，0 代表否；2 题项~9 题项中，1 代表完全不符合，2 代表比较不符合，3 代表一般，4 代表比较符合，5 代表完全相符）。

1.以下问题考察的是贵企业跨界新业务涉及的行业	是	否
1.1 公司跨界开展新业务进入的是传统行业	1	0
1.2 公司跨界开展新业务进入的是新兴行业 （新兴行业包括：节能环保、新一代信息技术、生物、高端装备制造、新能源、新材料、新能源汽车）	1	0
1.3 公司跨界开展新业务进入的具体行业名称是：		

2. 在公司运营过程中，下列描述与公司实际情况相符的程度如何？	完全不符合				完全符合
2.1 跨界新业务与原有业务有共同的技术或服务	1	2	3	4	5
2.2 跨界新业务与原有业务有共同的用户	1	2	3	4	5
2.3 跨界新业务与原有业务有共同的原材料	1	2	3	4	5
2.4 跨界新业务与原有业务有共同的营销渠道	1	2	3	4	5
2.5 跨界新业务与原有业务有共同的制造或安装工艺	1	2	3	4	5

3. 在公司运营过程中，下列描述与公司实际情况相符的程度如何？	完全不符合				完全符合
3.1 政府对跨界进入的新行业的管控比较严格	1	2	3	4	5
3.2 跨界进入的新行业的相关法律规定比较严格，需要充分努力才能达到相关要求	1	2	3	4	5
3.3 跨界进入的新行业的认证许可比较难获得	1	2	3	4	5
3.4 跨界进入新行业的规范比较完备，需要努力提高技术或服务水平才能达到要求	1	2	3	4	5
3.5 跨界进入的新行业的行业协会很难接受我们成为成员	1	2	3	4	5
3.6 我们在跨界进入的新行业拥有较高的知名度	1	2	3	4	5
3.7 跨界活动需要做出很大努力才能获得新行业用户的认可	1	2	3	4	5

4. 在公司运营过程中，下列描述与公司实际情况相符的程度如何？	完全不符合				完全符合
4.1 跨界新业务单元很容易共享原有业务单元的技术人员	1	2	3	4	5
4.2 原有业务单元很愿意和新业务单元分享用户	1	2	3	4	5
4.3 跨界新业务单元能够利用原有业务单元营销团队成员	1	2	3	4	5
4.4 跨界新业务单元很难建立与原有业务单元现金利用的共享	1	2	3	4	5
4.5 跨界新业务单元很容易使用公司原有的各类设备	1	2	3	4	5
4.6 跨界新业务单元很容易与原有业务单元共同进行原材料的采购	1	2	3	4	5
4.7 公司原有的技术知识或管理经验能够运用到跨界新业务单元	1	2	3	4	5

5. 在公司运营过程中，下列描述与公司实际情况相符的程度如何?	完全不符合				完全符合
5.1 跨界新业务单元努力依照新行业的相关法律规定行事	1	2	3	4	5
5.2 跨界新业务单元尊重并能够接受新行业相关政府职能部门的监管	1	2	3	4	5
5.3 跨界新业务单元注重了解和遵循新行业的价值观和社会规范	1	2	3	4	5
5.4 跨界新业务单元依照新行业通行的标准并努力寻求权威部门的认证	1	2	3	4	5
5.5 跨界新业务单元努力成为行业协会成员	1	2	3	4	5
5.6 跨界新业务单元注重了解和熟悉新行业消费者的喜好	1	2	3	4	5
5.7 跨界新业务单元会努力使其产品或服务符合新行业消费者的偏好	1	2	3	4	5
5.8 跨界新业务单元尊重并接受当地媒体的监督	1	2	3	4	5

6. 在公司运营过程中，下列描述与公司实际情况相符的程度如何?	完全不符合				完全符合
6.1 跨界新业务单元积极联合其他企业引导政府建立新行业的法律法规	1	2	3	4	5
6.2 跨界新业务单元聘用相关政府官员作为业务咨询顾问	1	2	3	4	5
6.3 跨界新业务单元积极与政府职能部门建立联系并深入宣传新业务	1	2	3	4	5
6.4 跨界新业务单元积极与新行业内的企业联合起来建立行业规范	1	2	3	4	5
6.5 跨界新业务单元采用密集的广告宣传新业务优势对新行业的影响	1	2	3	4	5
6.6 跨界新业务单元采取合作等方式创建新行业的价值体系	1	2	3	4	5
6.7 跨界新业务单元广泛传播企业的创业故事引导消费者的新需求	1	2	3	4	5
6.8 跨界新业务单元会通过深入讲述与其他行业高知名度的产品或服务相一致的故事来建立消费者的信任	1	2	3	4	5

7.在公司运营过程中，下列描述与公司实际情况相符的程度如何?	完全不符合				完全符合
7.1 跨界新业务单元主要通过公司管理者的协调使用原有的技术或服务人员	1	2	3	4	5
7.2 公司会从企业内部选任跨界新业务单元的管理人员	1	2	3	4	5
7.3 公司通过高层管理者的协调促使跨界新业务单元采用已有的供应商	1	2	3	4	5
7.4 跨界新业务单元会主要通过公司高层管理者的协调或激励机制调用原有的营销团队成员	1	2	3	4	5
7.5 跨界新业务单元主要通过公司管理者的协调使用原有的营销渠道	1	2	3	4	5
7.6 公司会通过一定的激励机制推动新业务单元主要共享原有的用户	1	2	3	4	5
7.7 公司主要利用自有资金进行跨界新业务活动	1	2	3	4	5
7.8 公司会协调跨界新业务单元使用现有的技术或服务设备	1	2	3	4	5
7.9 跨界新业务单元主要从企业内部分享专有技术知识或经验	1	2	3	4	5

8. 在公司运营过程中，下列描述与公司实际情况相符的程度如何?	完全不符合				完全符合
8.1 公司主要会从外部雇用新的技术或服务人员	1	2	3	4	5
8.2 公司主要从企业外部雇用有经验的管理者来经营新业务	1	2	3	4	5
8.3 新业务单元会积极寻找新的供应商	1	2	3	4	5

续表

8. 在公司运营过程中，下列描述与公司实际情况相符的程度如何?	完全不符合				完全符合
8.4 公司主要雇用外部的营销人员组建新的营销团队	1	2	3	4	5
8.5 新业务单元会努力开辟新的营销渠道	1	2	3	4	5
8.6 新业务单元会通过合作或收购等方式建立新的用户群	1	2	3	4	5
8.7 公司会采用合作等方式引进外部的资金	1	2	3	4	5
8.8 公司会购买或通过收购引进新的技术或服务设备	1	2	3	4	5
8.9 公司主要引进外部的专有知识或管理经验来开展新业务	1	2	3	4	5

9. 在公司运营过程中，下列描述与公司实际情况相符的程度如何?	完全不符合				完全符合
9.1 新业务实现了预期的业务增长目标	1	2	3	4	5
9.2 新业务开展后，企业的总体绩效有所提升	1	2	3	4	5
9.3 新业务开展后，企业的运营效率更高	1	2	3	4	5
9.4 新业务开展后，企业的竞争优势更为明显	1	2	3	4	5
9.5 新业务开展后，企业的客户满意度更高	1	2	3	4	5

10.以下问题考察贵企业的基本情况，请您根据实际情况填写

10.1 企业名称：__________________

10.2 联系方式：__________________

10.3 注册时间：________年________月

10.4 企业规模：□100 人以下　□100~＜200 人　□200~＜500 人　□500 人及以上

10.5 企业所属行业：　□制造业　　　□服务业　　　□其他

10.6 企业所有制形式：□国有企业　　□私营企业　　□合资企业　　□其他

10.7 企业所在地：__________________省________________市

10.8 企业的主营业务/主要产品：____________________________________

10.9 企业跨界新业务的开展时间：　□2 年以内　□2~8 年　□8 年以上

被访者信息	11.1 姓名：	11.2 在本企业的工作年限：
	11.3 职务：□董事长　□总经理　□高层管理者　□中层管理者　□其他	
	11.4 年龄：□ 29 岁及以下　□ 30~40 岁　□ 41~50 岁　□ 51 岁及以上	
	11.5 文化程度：□研究生及以上　□本科　□专科　□高中　□初中及以下	